이 책에 대한 찬사

CEO를 연구하다보면 경영자들이 비즈니스에도 충실하지만, 유독 건강관리에 신경 쓰는 것을 알 수 있다. 몸이 망가지면 사업에도 타격이 있기 때문이다. 몇 년 전, 나는 진지하게 몸을 돌아보게 되었고, 반성과 함께 밖으로 나가서 걷고 달리기 시작했다. 몸은 더 단단해졌고 정신도 더 함양되었다. 이 책은 저자가 직접 경험한 사례와 내용을 통해 대중이 고민하고 있는 몸에 대한 솔루션을 제공한다. 몸에 대해 알게 되고, 바로잡으며, 실천으로 답을 얻을 수 있다. 이 책을 통해 자신의 몸을 사랑하게 되며, 건강하고 아름다운 몸을 만들기 위한 변화의 시작이 되길 바란다.

강경태(한국CEO연구소 소장)

거리를 걷다보면 건강이 염려될 정도로 심하게 마른 여성들을 많이 만나게 된다. 그럴 때마다 길거리 전도사처럼 그들을 붙잡고, "운동을 시작해보세요"라고 말하고 싶은 충동이 일어 혼자 비죽이 웃음짓곤 한다. 힐링을 위한 소통을 강의하는 강사이며 힐링 전문가인 오세진 대표의 새 책을 만나게 되었다. 저자는 이렇게 이야기를 하고 있다. '여성들에게 필요한 것은 검색해서 찾을 수 있는 건강에 대한 정보가 아니라, 당신도 충분히 변할 수 있고 더 건강해질 수 있으며 행복해질 수 있다고 힘을 실어주는 일이다.' 무릎이 탁 쳐진다. 정보가 홍수가 이루는 세상에서도 움직이지 못하는 그녀들에게 '한 발의 시작으로 달라질 수 있다'고 이야기해주는 그녀가 너무나 사랑스럽다.

박미경(한국여성산악회 회장)

오세진 작가와 나는 고등학교 방송반 1년 선후배 사이다. 방송반에서 지켜봤던 그녀는, 예뻤지만 가냘프고 약해 보였다. 하지만 지금의 그녀는 단단하고 긍정적인 에너지가 넘친다. 세 번의 교통사고를 당하며 깨달은 인생의 교훈, 즉 몸과 마음의 건강이 정말 중요하다는 것이다. 최근에 나는 매일 방송하느라 바쁘다는 핑계로 오히려 운동을 전혀 못 하고 있었고, 나의 정신을 다스리기 위한 노력과 시간 투자를 하고 있지 않음을 깨달았다. 이 책을 보며 자투리 시간이라도 의자에서 일어나 몸과 정신 건강에 더 투자하자는 다짐을 한다. 더불어 그녀가 찾은 진정한 행복에 박수를 보내고 싶다.

손정은(MBC 뉴스데스크 앵커)

인간은 깨달음을 삶의 무기로 살아갑니다. 어떤 일을 하건 건전한 사람이라면 깨달음의 무게만큼 스스로 단련을 요청합니다. 단련은 쇠붙이를 불에 달구어 두드리고, 그 과정에서 더욱 단단하게 만드는 작업입니다. 우리의 몸은 그렇게 만들어집니다. 담금질에 또 담금질하는 부단한 작용이지요. 그렇다고 담금질이 단순하게 육체적 작업인 것만은 결코 아닙니다. 몸을 근육질로 만드는 과정만을 의미하지는 않습니다. 단련은 마음을 포괄하는 고도의 정신 활동과 직결됩니다. (……) 어떤 사람이건 자신의 치부를 드러내는 일은 쉽지 않습니다. 특히 자신이 직접 체험한 어두운 과거를 들추어내는 것은, 그런 과거를 현실로 당겨 재인식하는 작업이기 때문에 그만큼의 고통이 따릅니다. 그런데 제자는 그 작업에 당당했습니다. 현실을 알차게 사는 동시에 미래를 추동하는 힘을 희망의 메시지로 담아냈습니다. 고통으로 점철되었던 몸을 통해 바른 생각을 유도하고, 내가 바로 서면서 몸과 마음이 하나로 이어졌을 때, 그 삶은 보다 은은한 꽃을 피울 수 있습니다!

이 책에 녹여낸 오세진 대표의 짧은 고백과 긴 고해를 통해, 자신의 심신을 통일하고 영혼을 어루만질 수 있는 시간이 되기를 소망합니다.

'상처 입은 몸이 상처 아문 몸으로 / 상처 아문 몸이 상처 입은 마음으로 / 상처 입은 마음이 상처 아문 마음으로 / 몸과 마음이 문을 열고 소통을 갈망하며 / 내 육체와 정신이 혼일混一의 방으로 들어섭니다.'

신창호(고려대학교 교수)

몸은 욕망의 근거지이자 야망의 원동력이다. 하지만 몸은 이성의 명령에 따르고 마음의 통제대로 움직이는 수동적인 객체였다. 극한의 위기 상황이나 한계에 직면했을 때 몸이 뒷받침되지 않는 이성적 판단이나 마인드 콘트롤은 무의미하다. 몸은 마음이 거주하는 우주인 이유다. 몸이 망가지면 마음도 몸속에 거주할 수 없다. 오세진 대표의 『몸이 답이다』는 문제투성이였던 몸에서 나다움을 찾아가는 답을 찾은 개인적이지만 설득력 있는 체험적 몸 탐구서이다. 행복한 삶이 왜 몸에서 시작되고 건강한 몸에서 완성되는지를 알고 싶은 모든 사람에게 이 책은 필독서이자 평생을 곁에 두고 찾아봐야 될 참고서이다.

유영만(지식생태학자, 한양대학교 교수, 『나무는 나무라지 않는다』 저자)

좋아 보이는 상품은 그 안에 수준 높은 본질이 담겨 있다. 이런 본질 없이 겉으로만 화려하게 치장한 진열은 고객의 마음에 가닿지 않는다. 본질 없는 화려한 진열이 반쪽이듯 건강한 몸과 마음 없이 아름다움을 갈구하는 것 또한 반쪽이다. 행복을 희망하고 스스로 온전히 자기다움을 찾기 위해 무엇을 하면 좋을지 이 책은 가르쳐주고 있다. 이 책의 마지막 장을 덮기 전에 분명 운동을 해야겠다는 의지가 샘솟을 것이다. 눈부신 새봄, 당신의 아름다운 인생을 위하여 이 책을 추천한다.

이랑주(『좋아 보이는 것들의 비밀』 저자)

졸저 『몸이 전부다』에서 "제2의, 제3의 이상원이 바통을 이어받았으면 좋겠다"라고 바람을 밝혔는데 현실로 만들어준 저자에게 고마움을 전한다. 잘못된 다이어트와 반복된 교통사고로 몹시 망가졌던 몸, 그리고 그 몸이 더 망가뜨려놓은 마음을 고쳐나가는 저자의 사연을 읽으면서 묘한 감정이입을 느꼈다. 같은 경험을 했던 사람으로서 읽는 내내 내 일처럼 몸과 마음이 아팠고, 치열한 노력으로 이겨냈을 때는 쾌감과 힐링의 느낌까지 들었다. 『몸이 답이다』는 머리보다 몸으로 쓴 책이다. 힘든 상황에서 치열하게 노력은 하고 있지만 확실한 실마리를 찾지 못한 사람들이 꼭 읽어야 할 책이다. 사람은 몸을 만들고, 몸은 사람을 만든다. 제2, 제3의 오세진이 바통을 이어받았으면 좋겠다.

이상원(『몸이 전부다』 저자)

살면서 가장 잘한 결정 중 하나는 운동을 하기로 결심한 것이다. 운동을 하면서 내 인생이 점점 나아지는 것을 느낀다. 그것을 바탕으로 『몸이 먼저다』라는 책을 썼다. 내가 경험한 것을 기록하고 싶어서였다. 그런데 이 책이 다른 어떤 책보다 사람들에게 긍정적인 영향력을 끼친 것 같다. 저자 역시 나처럼 운동을 통해 삶을 바꾸었고, 이 책은 그런 과정의 결과물이다. 건강을 위해 투자하라, 남에게 보여주기 위한 몸이 아닌 행복을 위해 운동하라, 몸을 바꾸면 인생이 바뀐다, 라는 저자의 주장을 오롯이 담고 있다. 이 책을 읽은 후 그녀를 만나볼 것을 권한다. 운동이 사람을 어떻게 변화시키는지 직접 느끼게 될 것이다.

한근태(한스컨설팅 대표, 『몸이 먼저다』 저자)

몸이 답이다

몸이 답이다

내 삶의 주인으로 살아가기 위한 몸과의 대화법

초판 1쇄 발행 2018년 4월 10일
초판 3쇄 발행 2021년 6월 21일

지은이   오세진
펴낸이   조전희
펴낸곳   도서출판 새라의 숲
책임편집   주지현
디자인   박은진

출판등록   제2014-000039호(2014년 10월 7일)
팩스   031-624-5558
이메일   sarahforest@naver.com

ISBN 979-11-88054-11-4 03320

이 도서의 국립중앙도서관 출판시도서목록(CIP)은 서지정보유통지원시스템(http://seoji.nl.go.kr)과
국가자료공동목록시스템(http://www.nl.go.kr/kolisnet)에서 이용하실 수 있습니다.
(CIP제어번호: CIP2018010025)

내 삶의 주인으로 살아가기 위한 몸과의 대화법

몸이 답이다

오세진 지음

YOU
CHANGE
WHEN
YOUR BODY
CHANGES!

새라의숲
SAERA FOREST

차례

3장 바로 살기
몸과 마음을 바르게 살려야 삶이 바로 선다

운동은 하루를 짧게 하지만 인생을 길게 한다.

엘리엇 P. 조슬린

문제가 된 몸, 거기에 답이 있다

방심이 근심을 낳는다

부들부들 몸이 떨리고 얼굴이 빨갛게 달아오른다. 거친 숨을 몰아쉰다. 참기 힘들 정도의 한계에 이르렀다. 다 집어던지고 싶을 만큼의 통증이 밀려온다.

"한 개만 더!"

"강해져야죠, 버텨요!"

그 순간 들려오는 트레이너의 음성에 포기하려던 마음을 다잡고 다시 한번 힘을 쥐어짜 바벨을 들어 올린다. '해냈다!'라는 성취감보다 '이걸 왜 해야 하지?'라는 생각이 머릿속을 가득 채

운다. 비싼 돈을 내고 벌서는 것 같은 느낌이 지워지지 않는다.

이처럼 나는 운동을 하면서도 움직임이 가져다주는 변화와 즐거움에 대해 느끼지 못했다. 건강을 누구에게나 주어지는 당연한 권리로 착각하던 그때, 내게 운동은 하자니 귀찮고 안 하자니 찝찝하고…… 그래도 뭔가를 하긴 해야 할 것 같다는 생각에 겨우 그런 척 흉내만 내는 계륵鷄肋 같은 것이었다. 시간이 없다는 핑계로 운동을 하지 않는 것을 합리화했고, 힘들이지 않고 살을 뺄 방법을 찾았다. 중요한 일을 앞두고는 극단적인 다이어트로 체중을 조절하기도 했다. 큰마음 먹고 운동을 시작해도 쉽게 지루함을 느꼈고, 근육통이 생겨 힘들다는 이유로 운동을 하기로 한 결심은 오래가지 않았다. 건강에 대해 방심하며 운동 센터에 등록하고, 기간을 연장하거나 취소하기를 반복했다.

건강의 중요성과 운동의 매력을 알기 전까지 몸과 마음의 균형에는 큰 관심이 없었다. 운동을 하긴 했지만 내면의 아름다움은 간과한 채 표면적인 것에만 치중했다. 내적인 충만함과 건강함이 없었기에 공허함을 채우기 위한 방법으로 얼굴에 비해 코가 커보이는 콤플렉스를 성형수술을 통해 극복하려 했고, 납작한 엉덩이는 일명 엉뽕(엉덩이뽕)의 힘을 빌려 해결했다. 쭉 뻗은 각선미에 대한 욕망으로 다리에 밴드를 감고 자며 피가 통하지 않는 불편함을 감수하기도 했다. 운동과 건강의 변두리에 머물며 외부인의 눈으로 자신을 평가하고, 사회가 제시하는 이상적인 미의 기준에 자신을 맞추는 데 급급해하며 365일 다이어트에 매달렸던 것이 내 모습이다.

건강이 누구에게나 무조건적으로 주어지는 특권이라 생각하고 방심하다가 이 책을 쓰게 된 결정적 사건이 벌어졌다. 연이어 일어난 교통사고로 인해 목과 허리에 만성통증을 얻었고, 급격한 체력 저하를 경험한 것이다. 그 당시 "여자는 아프면 늙어요"라고 한 여배우의 이야기가 그렇게 와닿을 수 없었다. 물론 그녀의 말은 여자에게만 국한된 것이 아니다. 아팠던 경험이 있거나 통증을 느껴본 사람이라면 그 말에 크게 공감할 것이다. 당시 몸의 기능이 저하되면서 삶의 질은 급격히 떨어졌다. 피부도 생기를 잃어가고, 계속된 고통에 얼굴 표정 역시 어두워졌다. 활기찬 모습은 온데간데없고, 오로지 아픈 몸만 의식될 뿐이었다. 한번 깨져버린 몸의 평화는 쉽사리 돌아오지 않으며, 건강이 바닥난 상태에서 정신적인 힐링과 삶의 행복을 기대하는 것은 어려울 수밖에 없다. 인생의 황금기에 놓여 있음이 무색할 만큼 통증 속에서 근심 어린 삶을 살다보니, 이론적으로만 알던 건강의 소중함이 더욱 크고 깊게 다가왔다.

사고 당시 내 육체는 몸을 바라보는 부정적 시선의 틀에 갇혀 있었다. 육체라는 뻘에 갇혀 있는 영혼 역시 행복하지 못했다. 내 운명의 주인이 되는 삶을 그린 니코스 카잔차키스의 소설 『그리스인 조르바』에 나오는 '인간의 영혼은 육체라는 뻘 속에 갇혀 있어서 무디고 둔하다'는 표현처럼 그때의 나는 매사 전신全身과 정신精神이 마비된 듯한 느낌을 자주 받았고, 틈만 나면 아팠다. 그렇게 만성통증과 감기몸살, 그리고 우울한 감정은 나에게 들러붙어 삶의 의욕마저 떨어뜨렸다. 그렇게 나는 죽은 몸으로 살았고, 죽지 못해 살았다.

그렇게 전신과 정신의 에너지가 바닥을 쳤을 때, 문득 모든 것이 온전했던 '원래의 나'로 돌아가고 싶다는 강렬한 욕망이 생겨났다. 내게도 감정을 드러내고 몸을 자유롭게 표현하고 싶은 욕구는 살아 있었다. 예전처럼 건강한 삶으로의 회귀를 꿈꾸며 내부에서 조금씩 어떤 움직임이 시작되었다. 마음이 동動하면 행동行動하게 되어 있다. 현재 상황에서 나에게 맞는 방법을 찾으려 노력했고, 고심 끝에 내린 결론이 몸을 다시 깨워보자는 것이었다.

내 몸 하나 움직일 의욕도, 기력도 없던 나는 2년 만에 다시 운동에 집중해보기로 결심했다. 내 선택은 옳았다. 뇌 주름에 켜켜이 때가 끼었다면 과감히 책을 덮으라. 산책이나 운동, 텃밭 가꾸기 등을 하면서 몸을 사용하라. "정신에 긴 때에 육체 활동만큼 잘 듣는 이태리 타월도 없다"[1]는 박총 작가의 말처럼 운동은 잠들어 있던 몸을 일으켰고, 숨죽여 있던 마음도 깨워주었다.

운동을 하면서 몸이 순환되고 호흡도 편안해졌다. 몸이 깨어나니 머리는 명쾌해지고, 기분은 상쾌해지며, 삶은 유쾌해졌다. 2년 동안의 공백을 제외하고는 늘 운동과 함께했고, 그 순간이 가장 행복하다. 그 행복은 현재진행형이다.

아픈 몸을 극복하기 위해 시작한 운동이 지금은 생활의 일부가 되었다. 운동을 잘하고 싶다거나 예쁘고 날씬해지기 위해 시작한 것이 아니다. 단지 인간다운 삶을 살고 싶었고, 원하는 것을 무리 없이 실행할 수 있는 문제없는 몸을 꿈꿨다. 결과적으로 일상생활에서 여러 기능을 수행할 수 있는 올바른 몸이 되었고, 아름다운 몸으로 변했다. 덕분에 스스로를 더 사랑하게 되었고, 매사에 활력이 넘친다.

　내 몸이 앓아서 알아낸 것으로 다시 제2의 인생을 꽃피우는 지금이다. "얼굴이 폈다"는 말처럼 듣기 좋은 말이 또 있을까. 사고를 계기로 몸을 바라보는 관점이 바뀌었다. 외모에 대한 집착으로부터 자유로워졌고, 반복된 다이어트의 실패로 인한 우울한 기분에서 멀어졌다. 운동 부족으로 인한 통증에 더 이상 시달리지도 않는다. 꾸준한 운동을 통해 내 신체는 지금 그 여느 때보다 건강하고 행복하며 강해졌다. 사고 후 힘든 재활의 시간도 운동을 통해 극복했고, 알게 모르게 내 삶을 갉아먹고 있던 부분들을 돌아보며 가장 위대한 아름다움은 내면과 외면이 균형을 이룬 상태에서 오는 건강이라는 것도 알게 되었다.

　그동안 힘들었을 자신을 다독이며 몸살이에 신경을 쓰니 인생살이가 술술 풀린다. 건강을 되찾으며 몸의 상태가 조화로워지고 편안해지니, 비로소 내가 나로서 바로 서게 되었다. 일도, 공부도, 사람과의 관계도 선순환이 일어난다. 외적 근육과 함께 마음근육도 잘 자리 잡고 강해진 덕분이다. 정말이지 좋은 에너지, 행복한 기운이 주변에 가득한 느낌이다.

　그런데 안타깝게도 여전히 많은 여성이 자신의 고유한 아름다움을 발견하기 전에 외모를 개조하고 바꿔야 할 대상으로 인식하고 있다. 외부인의 시선에서 결코 자유롭지 못한 채 외모에 대한 집착과 반복된 다이어트, 잘못된 식습관으로 자신을 억압하고 통제한다. 이상적 외모에 대한 무조건적인 갈망과, 운동에 대한 잘못된 상식에 빠지게 되면서 몸과 마음에 골병이 드는 것을 모르고 있는 것이 현실이다.

쌍꺼풀이 있는 눈에 잘 다듬어진 오뚝한 코, 계란형 얼굴 라인, 그리고 말랐지만 볼륨 있는 이율배반적 몸매 등 우리가 따라야 할 '이상적인 몸'의 기준은 대체 누가 정한 것인가? 무조건 마른 몸을 선호하는 분위기 속에서 외모에 대한 불만과 불안을 조장하는 각종 매체와 관련 산업들은 멀쩡한 몸을 스스로 흉하다고 인식하는 '신체이형증' 환자를 양산하고 있는 형국이다. 이런 상황에서는 결코 행복할 수가 없다. 여성들이여, 우리의 몸은 개조의 대상이 아니다.

당신은 그 자체로 빛나고 아름다운 존재다. 외부에서 제시하는 기준에 통제당하고 억압당하고 스스로를 혹사시키며 잃어왔던 자신의 진정한 아름다움을 발견해야 한다. '몸'에 대한 생각을 전환시켜보자. 나는 지금까지의 경험과 시행착오를 통해 건강과 아름다움은 지름길을 통해 도달할 수 있는 영역이 아님을 알게 되었다. 외모의 변화만을 꿈꾸며 시작된 운동은 지루하고 재미없는 게 당연하다. 원하는 결과에 도달하지 못하면 빨리 포기해버리게 된다. 그리고 쉬운 방법을 찾으려고 한다. 빠르진 않지만 나날이 변화되는 몸의 반응을 들여다보며, 나는 그 변화가 가져오는 삶의 행복을 만끽하게 되었다. 지루하게 느껴질 수 있는 길을 반복적으로 행하는 즐거움도 알게 되었다.

운동을 반복할수록 체력이 좋아지고 통증이 감소되며 에너지가 샘솟는다. 어제보다 하나 더, 예전보다 조금 더 무거운 무게를 들어 올리는 게 가능해지며, 운동 초기에 느꼈던 돈을 내고 벌서는 기분 대신 나날이 건강해지고 있다는 확신이 든다. 근육이 1도 없이 물렁살이던 몸에 생기는 변화를 통해 자신감과 기분 좋은 만족감이 밀려들었다. 몸이 변하니 마음도 변함을 느꼈다. 운동에 집중하며 몰입의 즐거움을 느꼈고, 스트레스 해소에도 도움이 되었다. 그리하여 몸도 마음도 더 편안한 상태에 놓이게 되었다. 이 책에는 이렇게 보통의 내가 운동에 반하고 사랑하게 되면서 생겨난 몸의 변화와 마음의 성장을 진솔하게 담았다.

‘여성의 행복을 위한 성형 프로젝트.’ 제목 한번 거창하다. 성형수술을 권장하는 책이라는 오해는 금물이다. 일정한 형체를 만들어낸다는 성형成形에 쓰이는 형자가 아닌 빛날 형炯자이다.

'빛남을 이룬다'라는 의미를 담고 있다. 진정한 삶의 주인으로 행복하고 건강하게 살아가는 기본이 되는 몸과 마음의 관리 방법에 대한 글이며, 수많은 경험 속에서 시행착오 끝에 발견한 참된 아름다움을 향해 가는 여정을 담은 책이다.

결국, 몸이 답이다

누군가에게는 몸을 좀 생각하라는 말이 또 하나의 스트레스가 되거나 마음의 불편함을 가중시킬 수도 있다. 하지만 이 책은 당신을 책망하고 다그치며 쿡쿡 찔러 불편하게 하려는 의도로 쓴 것이 아니다. 건강하고 아름다운 몸과 행복한 삶에 대해 알면서 놓치는 부분들 혹은 여러 가지 사정으로 인해 엄두조차 내지 못하는 여성들에게 '보통의 내'가 시행착오를 경험하며 깨달은 내용과 변화된 삶의 이야기를 통해 '나도 할 수 있겠다'는 마음의 힘을 얻기를 바라는 소망을 담았다. 작지만 따뜻한 위로를 전하고 싶고, 여러분과 함께 나누고 싶다.

그런 마음을 담아 1장에서는 몸과 관련해 넘쳐나는 정보 속에서 우리에게 잘못 각인되어 있는 내용들을 바로 알고 공유하고

자 한다. 생각이 바로 서지 않으면 난무하는 다이어트 정보에 매몰되고, 자고 나면 생겨나는 운동 관련 트렌드에 휘둘리게 된다. 또한 당장 눈에 보이는 결과에 급급해 몸을 망치는 실수를 반복한다. 다소 비밀스럽고 부끄러운 이야기들임에도 이 글을 읽는 누군가가 건강과 운동에 대해 긍정적인 방향으로 생각과 인식의 전환이 일어나길 바라는 마음을 담아 '몸을 바로 알아야 생각이 바로 선다' 편을 구성했다.

2장은 여성의 건강한 몸, 아름다운 삶을 위해 쉬운 길이 아닌 바른길을 제시하고 있다. 지금까지 각계각층의 여성들을 만나며 몸에 대한 고민을 들어왔다. '몸을 바로잡아야 내가 바로 선다'를 통해 정신없이 바쁜 일상 속에서 외적인 아름다움을 추구하려는 마음과 기능적인 건강을 염려하는 마음의 경계에 놓여 혼란스러워하는 여성들의 마음을 대변하고 삶의 주역으로 당당히 서기 위한 몸 세우기에 대해 정리했다. 존재 자체만으로도 오롯이 빛날 수 있는 방향과 방법이 몸에 담겨 있음을 경험을 토대로 전하고자 한다.

3장 '몸과 마음을 바르게 살려야 삶이 바로 선다'에서는 몸 운동에만 국한되지 않고 건강한 몸과 마음이 생활 전반에 긍정적 영향을 미쳐 행복한 삶이 되기를 바라는 마음으로 성심성의껏 정리했다. '아름다운가?', '건강한가?'에 앞서 삶은 그 자체로 귀한 것이다. 나는 당신의 최고 전성기가 최대한 오래 유지되기를 바란다. 내가 삶에서 어떤 가치를 좇고, 어떤 마음으로 매 순간 임하며 건강과 행복에 더 가까워졌는지에 대해 이야기하고자 한다. 3장을 통해 건강한 신체와 정신을 바탕으로 삶의 주인으로서 살아가기 위한 여정을 함께 해보자.

내 경우에는 건강을 잃은 경험을 통해서 몸의 문제와 더불어 살게 됐고, 그 과정에서 느꼈던 부분들과 조금 더 일찍 알았다면 좋았을 사실에 대해 깊이 생각하게 되었다. 사고로 삶의 질 저하와 함께 몸과 마음의 고통을 경험하면서 절절하게 건강의 중요성을 알게 된 것이다. 이성복 시인의 시론詩論을 담은 『무한화서』에 "사랑의 깊이를 알 수 있는 건 이별하는 순간이듯이, 리듬이 중요하다는 건 리듬이 깨지는 순간 알게 돼요"[2]라는 글처럼 건강 역시 몸의 밸런스가 깨지고 무너지는 순간이 되어서야 뒤늦게 알아차리게 된다. 이 글을 읽는 여성들은 세 여정을 함께하며 나와 같은 시행착오를 줄이길 바라고, 여기에 자신만의 경험을 덧대어 보다 큰 변화가 일어나길 바란다.

여성들이여, 몸이 갇히면 마음도 갇힌다. '언젠가는 하겠지'라는 다짐은 끝끝내 시작하지 않겠다는 자백과 다를 바 없다. 너무

늦지 않게 몸의 소리에 귀를 기울이는 현명한 여성이 되길 바란다. 더불어 이 글을 통해 10년째 운동해야지 마음만 먹는 여성들이 내면의 아름다움을 찾고 '나도 할 수 있겠다'라는 마음을 발견하기를 바란다. 운동이 삶 자체를 바꾸지 못할 수도 있지만 삶을 대하는 태도를 바꿀 수는 있다.

이 글이 여성들로 하여금 자신이 갈망하는 아름다움을 이루기 위해 건강에 대한 중요성과 운동의 필요성을 알고, 지금 당장 실행해야 하는 당위성을 전달하는 평생의 동반자가 되기를 바라는 작은 소망을 가져본다.

따뜻한 봄과 함께 다가올
인생의 찬란한 봄날을 기다리며
오세진

1장

바로 알기

몸을 바로 알아야 생각이 바로 선다

YOU
CHANGE
WHEN
YOUR BODY
CHANGES!

우리들의 행복은 십중팔구
건강에 의해 좌우되는 것이 보통이다.

아르투어 쇼펜하우어

행복하자,
아프지 말고

신호 대기 중 무심코 인도 쪽으로 고개를 돌렸다. '행복하자, 아프지 말고'라고 적힌 플래카드가 눈에 들어왔다. 자이언티Zion.T 의 노래 〈양화대교〉의 한 구절이 떠올랐다. 노래를 흥얼거리며 다시 보니 '행복하자, 아프지 말고'라는 글 아래에 작은 글씨로 ○○ 헬스클럽이라고 적혀 있었다.

그 글을 보는 순간, 대부분의 운동 관련 광고가 '한 달에 10킬로그램 책임 감량!', '살 뺄래? 그냥 살래?', '날씬한 것보다 달콤한 것은 없어요', '여자가 아름답지 않은 것은 죄악'이라는 자극적인 문구로 사람들을 현혹시키는 것과는 달리 신체 기능적 측면을 부각한 올바른 접근이라고 생각했다.

대부분의 사람들은 짧은 기간 동안 집중해서 살을 빼기를 원한다. 특히 매년 1월이면 많은 사람이 이루고 싶은 새해 계획 1순위로 다이어트 및 건강관리를 꼽는다.[3] 새해를 맞아 체중 감량에 성공하겠다고 결심한 사람들이 헬스클럽에 등록함으로써 신규 회원이 폭증한다. 하지만 이 결심은 오래가지 않는다. 야심차게 등록한 헬스클럽이지만, 점점 출석률이 낮아지다가 결국에는 회원권이 만료된 후에야 사물함 속 운동화와 짐을 가지러 민망한 얼굴로 방문한다. 연초에 일주일 정도 러닝머신에서 바짝 뛰었던 것이 1년 동안 할 뜀박질의 전부이고, 그때 흘린 땀이 운동을 하며 흘린 마지막 구슬땀이 된다.

여름 바캉스철이 다가오는 4월, 5월이면 많은 여성이 '14일에 5킬로그램 감량' 같은 문구에 쉽게 마음이 흔들리게 된다. 이 시기가 되면 홈쇼핑이나 TV 광고에는 다이어트 식품이나 운동기구 관련 내용이 유독 많이 등장한다. 지상파 방송에는 다이어트에 성공한 사람들의 이야기들이 넘친다. 매스미디어를 통해 외모지상주의가 부각되고, 극도로 마른 몸매를 이상화시킨다. "나도 비키니 한번 입어보자!"라며 사람들에게 날씬해지고 싶은 욕망을 더욱 부추긴다. 결과적으로 건강보다는 사회적 기준에 몸을 맞추기 위해 많은 사람이 자신을 억압하고 과도한 다이어트로 건강을 해친다.

2016년 3월, 한 신문 기사에는 박현영 국립보건연구원 심혈관 희귀질환과 교수의 자료를 바탕으로 '20대 여성 5명 중 1명은 저체중이며, 그럼에도 다이어트를 경험한 여성이 45퍼센트를 육박한다'라는 내용이 실려 있었다. 저체중임에도 자신이 살이 찐 편이라고 생각하는 신체 이미지 왜곡 인지율에 대한 위험성이 생각보다 높았다. 저체중으로 인한 근력 감소와 영양부족으로 건강을 해치는 경우가 다반사다. 골다공증 위험 또한 증가하는 추세다. 위험성을 인식하고 지금이라도 외면이 아닌 내면의 아름다움과 건강을 위한 운동으로 의식이 전환되어야 한다.

얼마 전 영화배우 박보영 씨 역시 한 매체와의 인터뷰에서 다이어트에 대한 고충을 털어놓았다. 우리나라의 몸매 기준이 박하며 지나친 마름을 강요한다고 말이다. 여성들이여, 지금부터라도 예뻐지기 위한 운동이 아닌 건강해지기 위한 운동을 하자!

'행복하자, 아프지 말고'라는 문구에는 외적인 아름다움을 추구하는 것을 뛰어넘는, 행복을 추구하는 인간 본연의 욕망이 담겨 있다. 행복의 기준은 사람마다 다르겠지만 나에게는 '건강 = 행복'이라는 공식이 성립한다. 그래서 꾸준히 운동하면서 몸을 관리하고 있다. 말 그대로 몸매 관리가 아닌 몸 관리다. "운동을 하는 직업도 아닌데, 왜 이렇게 열심히 하세요?"라는 질문을 많이 받는다. 물론 운동을 업業으로 삼고 있지는 않지만, 인생이라는 긴 여정 속에 내 삶의 주인으로 살아가기 위해 건강만큼 중요한 것이 또 있을까 싶다. 그 질문에 한 치의 주저함도 없이 나는 "행복하려고 해요. 좋아하는 일 하면서 더 잘살고 싶어서요"라고 대답한다. 운동을 하는 이유는 미적, 외적 기준을 맞추기 위함이 아니라 삶의 균형을 맞추기 위해서이다.

나는 지금까지 세 번의 사고를 경험했다. 2014년 6월 27일에 첫 번째 교통사고가 났다. 첫 번째 사고 후 남산터널 내에서 광역버스에 받히는 사고가 있었고, 1년 후인 2015년 7월 1일에는 경부고속도로 서초 IC 부근에서 후방 추돌 사고를 당했다. 2년 동안 연속적으로 세 번의 사고를 겪었다. 트라우마가 생겨 사고가 일어났던 6월, 7월이 되면 '혹시 또?'라는 생각에 운전하기가 겁난다. 내 차 가까이에 바짝 붙는 차들이 있으면 온몸이 경직된다. 한동안 건강염려증도 생겼다. 조금만 무리해도 아픈 것 같은 느낌이 들었다. 괜한 엄살인가 싶기도 하지만, 체력이 방전된 느낌에 몸을 사리고 걸핏하면 통증과 피로를 호소했다.

사고 후 한동안 무릎이 시큰거렸다. 손목까지 욱신거리며 몸 여기저기서 신호를 보내올 때면, '내일 비가 오려나보다'라고 생각한다. 그런데 여지없이 다음 날 비가 온다. "아이고 허리야, 아고고"라는 말이 나도 모르게 나온다. 역시나, 엄마 앞에서 못 하는 소리가 없다며 등짝 스매싱이 가해진다. 등줄기를 따라 찌릿한 느낌에 정신이 든다. 아프다. 엄마 손은 정말 맵다. 나를 괴롭히던 허리 통증이 사라질 만큼의 충격이 전해온다. 침을 맞고 물리치료를 받아도 가시지 않던 허리 통증이 순간 느껴지지 않는 것을 보니 엄마 손이 약손이긴 한가보다.

20대부터 꾸준히 운동을 해왔기에 건강은 자신했었는데, 교통사고 후 골골거리는 일이 잦아졌다. 치료가 끝난 후에도 계속되는 통증으로 힘들어하다가 다시 병원을 찾았다. 진료했던 원장님은 엑스레이를 보더니 "다른 이상은 없는데, 뼈에 아직도 멍이 들었네요"라고 말했다. 뼈에 멍이 든다고? 고개를 갸우뚱했다. 그게 엑스레이로 보인단 말인가? 의심스러웠다. 그런데 원장님은 "뼈에 멍이 들면 골치 아프죠. 골골대면서 오래갑니다. 그게 바로 골병이에요. 관리 잘하고 치료 잘 받아야 됩니다"라는 말을 덧붙였다. 역시나 골병이 드니 체력이 약해지고, 승부 따위에는 관심이 없어진다. 쉬고 싶고 눕고만 싶다.

건강을 자신했던 내가 이리도 약해지다니 교통사고가 난 사실이 속상하고 억울했다. 통증은 지극히 주관적인 것이기에 주위에서는 이렇게 힘들어하는 걸 이해하지 못했다. 그저 체력이 약한 탓이고 건강염려증이 너무 심하다며 대수롭지 않게 여겼다. 이해받지 못하는 고통을 혼자 견뎌야 한다는 사실 때문에 더 외롭고 힘들었다. 나는 건강을 잃어봤고, 사고 후의 통증과 아픔도 견뎌냈다. 그 덕분에 건강의 중요성과 운동의 필요성을 절감할 수 있었다. 외상이 아닌 내상의 무서움을 다시금 몸으로 느낀 나는, 그 후로도 제법 긴 시간 동안 사고의 충격으로 수축되고 경직된 근육을 풀기 위해 노력했다. 틀어진 몸을 바로잡기 위한 운동을 하며 건강에 더욱 관심을 가지게 되었다.

건강은 그냥 주어지는 것이 아니라 꾸준히 노력해서 다가가야 하는 것이다. 드라마 〈미생〉에서 나왔던 대사 중 "후반에 무너지는 이유, 데미지를 입은 후 회복이 더딘 이유, 실수한 후 복구가 늦은 이유 모두 체력이 약하기 때문이다"라는 말이 있다. 열정도, 삶에 대한 호기심도, 사람에 대한 관심도 체력이 무너지는 순간 사라져버린다. 가수 이상은 씨의 노래 〈언젠가는〉에 나오는 가사인 "젊은 날엔 젊음을 모르고 사랑할 때 사랑이 보이지 않았네 하지만 이제 뒤돌아보니 우린 젊고 서로 사랑을 했구나"처럼 건강할 때 관리의 중요성을 모르고 잊고 살다가 건강을 잃고 나서야 그 소중함을 아는 실수를 하지 않기를 바란다.

자신의 신체 이미지body image, 즉 지금의 외형을 부인하거나 병마나 사고로 인해 망가진 몸을 부정하는 것이 아닌 현재의 상태를 인지하고 바르게 인식해 선한 방향으로 갈 수 있도록 운동을 하는 것이 내 몸을 아끼고 사랑하며 행복해지는 가장 빠르고 쉬운 방법이다. 남을 의식하기보다 자기 자신에게 충실해야 한다. 자신을 사랑하는 가장 쉬운 방법, 삶을 보다 행복하게 사는 가장 빠른 방법을 알고 싶다면 당장 운동을 시작하자. '건강을 잃으면 돈이고 명예고 다 소용없다'는 말을 다시금 새겨보자. 그게 행복으로 가는 가장 빠르고 가성비 좋은 방법이다.

운동은 특정 시기를 대비해 반짝하는 취미가 아닌 삶 그 자체가 되어야 한다. 특히 여성들에게 말하고 싶다. 외적인 형태의 아름다움은 건강을 유지하다보면 저절로 따라오는 창조적 결실이라고 말이다.

당신이 변하면 모든 것이 변한다.

짐 론

이제는
패완얼이 아닌
패완몸이다

'완얼'이라는 신조어가 있다. '완성은 얼굴'의 줄임말이다. 패션의 완성은 얼굴이란 뜻의 '패완얼', 헤어스타일의 완성은 얼굴이란 뜻의 '헤완얼'처럼 '완얼' 앞에 해당 분야를 붙여 사용한다. 다시 말해 '패완얼'은 외모가 출중해서 난해한 옷차림마저도 훌륭하게 소화해 자신만의 분위기를 만들어낸다는 의미다. '헤완얼' 역시 얼굴형이 예쁘면 머리를 길러도, 짧게 잘라도, 앞머리를 내리거나 올려도 그 사람과 잘 어울린다는 것을 뜻한다. '완얼'은 국립국어원이 발표한 2014년 신어로 선정되기까지 했다. 그뿐만 아니라 여러 방면에서 뛰어난 실력을 보이지만 외모가 아쉬운 여성을 가리키는 말인 '버터페이스But her face', '우월한 유전자를 지닌 남자의 줄임말인 '우유남'과 같은 외모 관련 은어나 신조어는 계속 생겨나는 추세다.

외모 관련 신조어의 등장을 우스갯소리로 치부해버리기에는 그 말 안에 뼈가 있다. 아름다움에 대한 관심이 점점 높아지고 있는 지금, 우리의 현주소를 살펴봐야 한다. 미를 추구하는 것이 사회적 트렌드로 자리 잡은 지 오래다. 세대를 막론하고 성별과 관계없이 젊음과 아름다움, 그리고 건강 등 외모와 신체에 관한 이야기가 넘쳐난다.

외모를 아름답게 보이기 위한 현대인들의 관심과 노력은 신체 콤플렉스를 야기할 만큼 심각하다. 현대인들은 타인에게 보여지는 것에서 결코 자유로울 수 없다. 그렇기 때문에 많은 사람이 매스미디어에서 조장하고 이야기하는 아름다움의 기준에 도달하기 위해 미용 성형을 선택한다. 그래서인지 압구정동과 청담동, 신사동에 가면 건물마다 성형외과가 즐비하다. 강남역에는 성형외과와 피부과, 비만관리 센터까지 총 13개의 병원이 운영 중인 건물도 있다. 거리에서는 마스크를 쓰거나 붕대를 감은 채 걷는 사람들도 쉽게 만나게 된다. 최근에 눈 성형을 한 후배를 만났는데, 그녀는 웃는 얼굴로 "언니, 저 쌍꺼풀 강남에서 새로 샀어요. 어때요?"라고 말했다. 얼굴도 몸도 새로 살 수 있다는 발상에 가슴이 뜨끔해졌다.

많은 사람이 이처럼 외적인 아름다움을 위해 성형수술을 한다. 물론 성형수술 자체를 비난하고자 하는 것은 아니다. 나 역시 성형을 한 경험이 있다. 난데없는 성형 고백에 놀랐는가? 단순히 내 경험을 통해 느낀 바를 이야기하려고 한다. 여러 매체를 통해서 잘못 인식된 아름다움의 기준으로 인해, 내게도 보여지는 것에 대해 집중하고 집착했던 시기가 있었다. 얼굴에 비해 코가 크다고 생각했다. 코가 조금 더 날렵하고 오뚝해지길 바랐다. 한번 눈에 들어온 결점은 자꾸만 거슬리는 법이다. 거울을 보면 정말 코밖에 안 보일 정도로 점점 외모에 대한 불만이 커져갔다. 결국 부모님을 설득한 후 수술대에 올랐다.

수술 당일엔 지혈을 위해 막아둔 솜과 거즈로 숨쉬기가 불편했다. 욱신거리는 통증으로 잠을 이루기도 힘들었다. 꼬박 밤을 새고 병원에 가서 드레싱을 받았다. 일주일 정도의 칩거 생활이 끝나고 고정하기 위해 덕지덕지 붙여놓은 테이핑을 제거하는 날이 왔다. 영화나 드라마에서처럼 붕대를 떼는 순간 음악이 깔리며 전혀 새로운 얼굴을 가진 아름다운 모습의 배우가 등장하는 장면을 상상했다. 내심 기대를 하며 나는 떨리는 마음으로 거울을 봤다. 실망감이 밀려왔다. 별 차이가 없었던 것이다. 병원에서는 붓기로 인해 아직 모양이 잡히지 않은 거라며 나를 위로해주었다. 내가 생각했던 이상적인 아름다움의 수준에는 미치지 못한 결과였다. 게다가 얼마 지나지 않아 코끝에 이식한 연골이 조직에 적응하지 못해 구축 현상이 발생했다. 수술한 부위에 산소 공급이 원활하지 못해 연골을 이식한 부위의 피부가 쪼그라드는 부작용이 생긴 것이다. 시간이 지날수록 구축 현상은 점점 더 심해졌다. 일상생활이 어려울 정도로 코끝이 변형되어갔다. 사람들이 내 코만 보는 것 같았고, 외모 스트레스는 수술 전보다 훨씬 더 심해졌다.

한번 실수한 병원에서의 재수술은 마음이 놓이지 않았기에 재수술로 유명하다는 여러 병원을 찾아가 상담을 받았다. 하지만 손쓸 도리가 없다는 말만 듣고 나왔다. '평생 이렇게 살아야 하나?'라는 생각에 우울한 마음이 커져만 갔다. 많은 사람이 이처럼 성형수술 이후에도 그 결과에 대한 불만족을 경험한다. 심각한 경우 '성형 중독'에 빠진다. 또는 수술 부작용으로 인해 고통을 받거나, 일상생활이 어려울 정도의 우울증이나 심리적 부적응을 겪기도 한다. 내 경우에는 천만다행으로 마지막으로 찾아간 병원에서 수술이 가능하다는 말을 들었고, 재수술을 하게 되었다. 그때 내가 한 말이 무엇인지 지금도 생생하게 기억난다.

"그냥 원래대로만 돌아가게 해주세요"였다

다행히 수술은 성공적이었고, 본연의 모습으로 잘 복원되었다. 그때 알았다. 가장 아름다운 것은 조화와 균형이 맞는 원래 내 얼굴이라는 사실을 말이다. 오뚝하고 날렵한 코가 누구에게나 어울리고 예쁜 것이 아님에도 미에 대한 잘못된 기준이 박힌 나는 그것을 원했다. 결과적으로 심각한 부작용을 겪었고, 극심한 스트레스에 시달렸다. 심리적 부적응을 경험했던 쓰디쓴 기억이지만, 건강한 몸과 자기 자신을 사랑하는 마음을 통해서만 진정으로 행복해진다는 것을 알게 된 소중한 경험이었다. 정말 패션의 완성은 얼굴일까? 모든 사람이 외적인 변화를 통해 행복해질 수 있을까? 그렇다면 왜 온라인상에 안티 성형 카페가 그리도 많은 것일까?

'완얼'을 접하고 착잡한 기분이 가시기도 전에 라디오에서 '패완월'이라는 생소한 말을 들었다. 요즘은 '패완얼'을 넘어서 '패완월'이라는 것이다. '패완월'은 뭘까 궁금해서 라디오에 귀를 기울였다. '패완월'이 '패션의 완성은 월급'이라는 뜻이라고 DJ가 말했다. 월급, 즉 돈이 있어야 피부 관리도 받고 옷도 사고 화장품도 구입할 수 있다. 월급이 있어야 성형도 하고 미용실도 간다는 말이다. 그 얘기를 듣는 순간, "말이야, 막걸리야?"라는 혼

잣말이 새어 나왔다. 외모지상주의에 물질만능주의까지 참 살기 힘든 세상이다. 이른바 패션 피플이 되기 위해 돈을 벌어야 하고, 돈을 벌기 위해 출근하는 주객이 전도된 상황에 쓴웃음이 지어졌다.

자신을 위한 삶이 아닌 남에게 보여주기 위한 삶을 살고, 사회적 기준에 맞추기 위해 자신을 옥죄는 현실은 낮은 자존감을 가지게 하는 부정적인 작용을 한다. 값비싼 화장품을 바르고, 명품 옷으로 도배를 하고, 연예인들이 다니는 숍에 가서 몇십만 원이나 들여 머리를 한다고 해서 자신이 명품이 되는 것은 아니다. 철학자 데이비드 흄David Hume은 "아름다움은 본질적으로 사적이고 개인적인 경험이다. 아름다움은 보는 이의 눈과 마음속에 있다"라고 말했다. 그리고 "아름다움이란 물체 자체의 특성이 아니라, 이것을 응시하는 이들의 마음속에 존재한다"라고도 했다. 아름다움에 대한 이와 같은 흄의 말을 생각해볼 필요가 있을 듯하다.

건강한 사람은 누구나 아름다움을 개인적으로 경험한다. 건강한 몸이 가져오는 변화는 경험해본 자만이 알 수 있다. 아름다움은 건강한 몸과 마음의 조화로운 균형에서 비롯된다. 이렇게 아름다움은 내적, 외적으로 균형과 조화를 이룬 상태라고 생각한

다. 그렇기에 패션의 완성은 얼굴도 월급도 아니다. 패션의 완성은 몸, 즉 '패완몸'이다. 건강한 몸에서 뿜어져 나오는 자신감이야말로 여성을 더욱 돋보이게 한다. 유명한 스타일리스트인 한혜연 씨 역시 패션의 완성은 자신감이라고 했다. 그리고 그 자신감은 건강한 몸에서부터 흘러나온다. 위○○나 쿠○에 올라오는 5,900원짜리 티셔츠도 1,900원짜리 모자도 잘 소화해낼 수 있는 것은 그 옷을 걸어주는 옷걸이의 뼈대가 자리를 잘 잡고 있기 때문이다.

지금도 나는 꾸준히 운동을 하고 있다. 덕분에 "운동 열심히 하시나봐요, 건강해 보여요. 비결이 뭐예요?"라는 말을 자주 듣는다. 어떤 옷을 입어도 소화가 가능하다. 물론 모델처럼 멋스럽게까지는 아니지만 적어도 체형 때문에, 살 때문에 입고 싶은 스타일의 옷을 못 입고 속상해하는 일은 없다. 몸은 타고나야 한다고? 물론 키는 타고나야 한다. 하지만 몸은 내가 시간을 투자한 만큼, 땀을 흘린 만큼 변화를 약속한다. "모든 꽃은 자기 내면으로부터 스스로 축복하며 피어난다"[4]라는 구절처럼 여성의 아름다움 역시 자신의 모습을 사랑스럽게 봐주고 몸을 긍정적으로 바꾸는 것에서부터 시작된다고 생각한다.

몸이 바뀌면 생각도 바뀌고 삶도 변화한다. 땀 흘리는 것에 대한 성취감을 맛보고, 그 결과를 정직하게 보여주는 운동의 매력에 빠져보자. 변화를 경험하고 싶다면 지금 당장 운동을 시작하자. 땀이 몸을 만든다. 짐 론의 "당신이 변하면 모든 것이 변한다 Everything changes, when you change"라는 명언과 같은 맥락에서 나는 이렇게 말하고 싶다. "몸이 변하면 모든 것이 변한다You change, when your body changes!"라고 말이다.

신체는 성스러운 옷이다.

마사 그레이엄

최고의 성형은
운동이다

아름다움에 대한 절대적인 기준은 없다. 지금은 다양한 개성이 존중받는 시대임을 우리는 알고 있다. '안티 미스코리아' 역시 그러한 사회적 분위기에서 나온 말이다. 어떻게 한 가지 기준에 맞춰 아름다움을 평가하고 순위를 매길 수 있단 말인가? 아름다움은 건강함에서 비롯된다. 자신의 건강한 느낌을 중시하자. 심한 비만이나 체중 미달인 경우를 제외하고 몸무게 숫자 자체는 건강 상태에 대해 많은 의미를 담고 있지 않다. 내가 편안하고 몸이 아프지 않은 상태를 바로 체크하자. 통통하지만 활력이 넘칠 수도 있고, 이 사회가 요구하는 마른 몸매를 지녔지만 늘 어딘가 아파 보이고 푸석푸석한 피부에 기운이 없는 사람도 있을 수 있다. 건강과 체중이 늘 맞닿아 있는 것은 아니다.

지금의 나는 신체가 편안하고 건강한 상태에 놓일 수 있는 내 적정 체중을 알고 있다. 꾸준히 운동을 해온 덕분에 큰 변화 없이 몸무게를 잘 유지하고 있지만, 고등학생 때 인생 최대 몸무게를 경신한 적이 있다. 앉아 있는 시간이 길어지다보니 운동량 부족으로 인해 난생처음 변비가 생기기도 했다. 변비에 특효라는 동규자차를 쉴 새 없이 들이켰지만 늘 더부룩한 속 때문에 불편했다. 얼굴엔 여드름이 돋았다. 가만히 보고만 있지 못하고 그걸 쥐어짜느라 늘 울긋불긋한 흉터가 얼굴을 뒤덮었다. 지방은 온몸에 불어났다. 살은 발등에도 찌고 손가락에도 쪘다. 심지어 살이 찌면서 입안과 혀에도 살이 올라 음식을 먹을 때 자주 씹히는 경험도 했다. 체중이 늘어나면서 얼굴선이 두리뭉실하게 무뎌지는 것은 놀랄 일도 아니었다. 공부하기도 벅찬데 외모에 대한 불만족까지 겹쳤다. 스트레스로 말도 안 되는 고3 유세를 부리기도 했다.

"이목구비는 참 예쁜데, 살이 쪄서 다 살에 묻혔어."

"대학 가면 예뻐져. 그러니 지금은 공부에 집중해."

그 시기에 가장 많이 들었던 말이다. 물론 틀린 말은 아니다. 하지만 단서가 붙어야 한다. '그냥, 저절로, 쉽게' 이루어지는 것

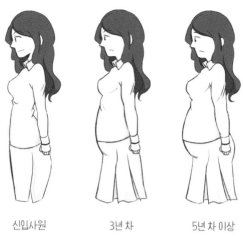

신입사원   3년 차   5년 차 이상

〈직장 생활 연차에 따른 몸의 변화〉

은 없었다. 건강하고 아름다운 삶은 지속적인 운동과 자기관리를 통해서 만들어가는 것이다. 수능이 끝난다고 해서, 대학에 간다고 해서, 연애를 한다고 해서 살이 저절로 빠지거나 외모가 변하지는 않는다. 스스로의 노력이 없다면 콤플렉스는 끝까지 당신의 발목에 들러붙어 당신을 괴롭힐 것이다.

사회생활을 하면서도 마찬가지다. 직장 생활 1년 차, 3년 차, 5년 차, 10년 차에 따른 몸의 변화를 비교한 이미지를 보면 연차가 쌓일수록 점점 어깨가 굽고 배가 나오며 뚱뚱해지는 모습으로 그려져 있다. 상당히 공감이 된다. 아침을 챙길 새도 없이 바쁘게 뛰어다니며 열심히 사는데 살이 빠지기는커녕 오히려 자꾸 불어나기만 한다. 야근에 대한 보상으로 야식을 먹으며 스스로를 위로하지만, 결국 우리의 몸은 휴식 불능 상태에다 소화 불능 상태까지 겹치게 된다. 날이 갈수록 피곤함이 몸에 들러붙어 쉽게 지치며 활력을 잃은 지 오래다. 얼굴이 탄력을 잃어간다. 눈도 작아지는 것 같고, 피부도 예전 같지 않다. 거울 속의 내 모습이 문득 낯설게 다가온다. 어쩌다 찍은 사진에는 어느새 내 나이보다 훨씬 들어 보이는 여자가 앉아 있다. 속상한 마음에 사진 찍는 것도 피하게 된다. 이 모든 것을 단순히 세월에 따른 노화라고 치부해버려서는 안 된다. 급박하게 돌아가는 서늘한 가속도의 시대에 맞춰 사느라 자기 몸을 배려할 여유도, 자신을 챙길 여력도 없음은 충분히 공감하고 이해한다. 하지만 이런 생활 패턴에 대해 어쩔 수 없다고 굴복하기보다는 문제점을 인식하고 긍정적인 방향으로 수정이 필요함을 자각해야 한다.

처음 강의를 시작했을 때부터 인연이 이어져 지금까지 출강하는 기관이 있다. 세월로 따지면 무려 10년이다. 교육 관련 이야기와 더불어 서로에 대한 믿음과 세월의 깊이가 더해져 남 같지 않은 느낌이 드는 담당자가 있다. 교통사고로 인한 후유증으로 건강이 좋지 않았던 시기에 출강을 했을 때, 핏기 없는 내 얼굴을 보고 팀장님이 "오 강사, 5년 전엔 꽃 같았는데⋯⋯"라며 말끝을 흐리셨다. 그래서 "지금은 아니고요?"라고 웃으며 말씀을 받았다. 그는 "걱정돼서 하는 소리야. 건강 좀 잘 챙겨. 그때의 생기 있고 에너지 넘치던 모습 다시 보여줘야지. 아프면 무조건 자기만 손해야"라며 무심한 듯 툭 마음을 전해준다.

잘못된 자세나 운동 부족은 이중 턱이나 얼굴 비대칭의 원인이 되기도 한다. 페이스 라인은 자신의 몸을 어떻게 다뤘는지를 보여주는 지표이기 때문이다.

오래전 어느 날, 특강을 하고 강의 후 질문을 받는 시간이었다. 청중 가운데 한 분에게 마이크가 전해졌다. 그분은 자신을 치과 의사라고 소개했다. 그때 하시는 말씀이 내 얼굴에 비대칭이 조금 보인다고 했다. 오른쪽과 왼쪽의 눈의 위치가 높이에서 차이가 나고, 턱선의 길이도 좌우가 다르며, 팔의 길이와 다리의 길이도 아마 차이가 나지 않을까 염려되는 마음에 마이크를 잡았다고 했다. 물론 사람이 완벽한 대칭일 수는 없지만 그 기준에서도 벗어나 보인다며, 건강을 잘 챙겨야 한다는 말씀도 덧붙였다.

생각지도 못한 이야기였다. 그 자리에 있던 다른 한의사 선생님도 그 말씀을 거들었다. 본인이 보기에도 얼굴의 틀어짐이 보인다며, 바로잡지 않으면 그 불균형이 경추, 척추, 그리고 다리

저림까지 연동되어 증세가 더 심해질 수 있다고 했다.

강의가 끝난 후 조심스레 "교통사고의 영향으로 몸이 충격을 받은 적이 있는데, 그 이유 때문일까요?"라고 그분께 여쭤보았다. 그 당시 틀어진 목과 허리로 한참 고생을 하고 있었고, 이유 없이 얼굴이 자주 붓고 턱선도 무너져 고민하던 차였다. 그러니 상당 부분 그런 이유에서 비롯된 것 같다고 했다. 그때부터 골격을 바로잡기 위해 스트레칭을 더 열심히 하고, 굳은 몸을 충분히 풀어주면서 순환을 돕는 운동을 병행했다. 약해진 코어를 단련하기 위해 새롭게 마음을 다잡고 현재 상태를 바로 보기 위해 노력했다. 체중계의 숫자에 연연해하기보다 컨디션을 잘 유지하고 스트레스를 받지 않는 상태가 되기 위해 노력했다. 나는 운동을 통해 빛나는 형태를 이룰 수 있다는 뜻으로 '성형成形'이 아닌 '성형成炯'의 의미로 이 말을 사용한다. 몸과 마음, 외면과 내면이 골고루 건강한 상태를 이루는 것이 내 최종 목표다.

외면적으로 아무리 화장을 해도 아픈 기색을 감출 수 없다. 아름다움은 내적, 외적 균형에서 비롯되고 그려내는 것이 아니라 배어나오는 것이기 때문이다. 겉으로 보이는 부분에 집중할 것이 아니라, 자신을 아끼고 배려하며 내면의 소리에 더 귀를 기울여야겠다고 다짐했던 순간이다. 건강한 아름다움을 가지고 싶다면 지금의 일상을 그대로 유지해서는 안 된다. 생활 패턴에 대한 수정이 필요하다. 일을 줄이거나 그 외 시간을 활용해 자신의 몸을 배려하고 이해해줘야 한다. 요즘은 SNS에 낭비되는 시간이 많으니 그 부분을 잘 조정할 필요가 있다. 힐링, 웰빙이라는 이름하에 건강과 아름다움을 유지하는 데 효과적이라고 하는 갖가지 방법이 상업적으로 성행하고 있다. 그중 베스트 원best one을 고르기보다 온리 원only one을 꼽는다면, 자기 배려의 방법으로 운동을 추천한다.

운동을 하지 않고 움직임이 저하되면 순환이 더뎌진다. 그러면 배출되지 못한 독소가 신체 여기저기에 쌓인다. 얼굴의 붓기도 오래간다. 얼굴이 커보이거나 살에 파묻혀 상대적으로 이목구비가 작아 보이는 경우, 운동을 통해 순환을 촉진시키고 약간의 식이 조절을 하면서 관리하면 이목구비가 커지고 눈두덩이의 지방이 빠지며 쌍꺼풀 라인이 드러나기도 한다. 대세 SNS인 인스타그램을 통해 '최고의 성형은 다이어트'라는 제목의 사진들을 쉽게 접할 수 있다. 연예인들의 비포before, 애프터after 사진을 통해 살이 빠지기 전과 후의 모습을 보여준다. 확연한 차이가 나는 사진을 보고 있노라면 '최고의 성형은 다이어트'라는 말이 확 와닿는다.

비만 관련 각종 시술과 수술을 통해 얻은 결과도 결국 장기적인 식이 조절과 운동으로 관리해야 한다고 전문가들은 입을 모은다. 운동이 최고의 성형법은 아니지만 의지에 따라 성형, 그 이상의 효과를 볼 수도 있다고 말이다. 나에게 부족한 부분이 무엇인지를 파악하고 운동하면 그 효과는 배가된다. 즉 내가 원하는 건강에 더 빨리 도달할 수 있는 것이다. 지금은 통증도 없고 건강하다. 만나는 사람마다 지금이 그 어느 때보다 가장 건강하고 행복해 보인다는 말을 자주 한다.

'운동하는 여자는 다 예뻐!'라는 홍보 문구가 눈에 쏙 들어온다. 예뻐지고 싶다면, 건강한 빛을 내고 싶다면 지금 당장 움직이자. 여성들이여, 지금 움직이지 않으면 나중에는 열 배 이상으로 더 움직여야 한다. 스스로를 '가치 있는 존재'로 여기고 자신을 위해 시간을 내도록 하자. 그럼으로써 올바른 신체와 건강한 마음을 통해 저절로 드러나는 빛을 가지게 될 것이다.

세월이 흐르면서 너의 신체는
걸어다니는 자서전이 되어
모든 사람에게 네 삶의 크고 작은 난관을 말해준다.

마릴린 퍼거슨

선先운동
후後다이어트를
명심하자

카페에서 강의 관련 작업을 하는데 옆 테이블의 대화가 귀에 들려온다.

> A: 나 요즘 살이 너무 많이 쪘어. 다이어트해야 하는데. 다이어트하면 허리 라인도 좀 나오고 힙 업도 되겠지?'
>
> B: 다이어트? 다이어트는 내일부터 하는 거야.
>
> A: 아, 몰라. 그래, 오늘은 일단 먹자.

이렇게 불어난 살에 관한 고민을 서로 나누면서 친구로 보이는 두 여성이 브런치를 즐기고 있었다. 다이어트를 하면 허리 라

인이 저절로 생기고 힙 업이 된다고? 크나큰 착각이라 말해주고 싶었다. 다이어트를 통해 체중 감소의 효과는 누릴 수 있겠지만, 탄력 없이 처진 살을 마주하게 된다고 말이다.

공백기 동안 관리를 한 후 건강미 넘치는 모습으로 방송에 나온 연예인들은 대부분 "다이어트했어요"라고 말한다. 하지만 식이 조절을 의미하는 다이어트만으로 건강하고 탄력 있는 몸매를 만들기는 불가능하다. 분명 피나는 노력으로 운동을 병행했을 것이다. 다이어트와 운동은 동의어가 아니다. 물론 많은 사람이 혼동을 하는 부분인데, 이 둘은 명백히 다른 말이다.

체중을 감소하는 방법으로 열량 섭취를 줄이거나 열량 소비를

몸이 답이다

늘리는 것을 나눠서 생각하면 된다. 첫 번째, 열량 섭취를 줄이는 것이 바로 우리가 흔히 사용하는 말인 다이어트diet이다. 다이어트는 미용이나 건강을 위해 살이 찌지 않도록 먹는 것을 제한하는 일을 말한다. 표준국어대사전에는 '체중을 줄이거나 건강의 증진을 위하여 제한된 식사를 하는 것'이 다이어트이며, '덜 먹기', '식이요법'으로 순화[5]된다고 정의되어 있다.

두 번째, 섭취한 열량의 소비를 늘려 체중을 감소하는 방법으로 신체 활동exercise의 필요성에 대해 이야기하려 한다. 먹지 않고 찌는 살이 어디 있으랴. 먹었다면 움직여야 한다. 그래야 건강해질 수 있고, 체중 감소의 효과도 얻을 수 있다. 표준국어대사전에는 운동을 '사람이 몸을 단련하거나 건강을 위해 몸을 움직이는 것'으로 정의하고 있다. 다이어트와 운동의 정의만 봐도 확연하게 구분되는데, 우리는 지금까지 이 둘을 같은 의미로 사용해왔다.

운동과 다이어트를 분명하게 구분지을 수 있는 사례가 있어 소개한다. 2017년 여름, 캐나다 여행 중 서점에 간 적이 있었다. 평소 서점을 자주 방문하는 편인데, 이러한 습관은 여행중에도 이어지곤 한다. 색다른 표지에 끌리기도 하고, 관심 있는 분야의 책을 만나볼 수도 있다는 점 때문에 꼭 서점을 들른다. 그날도 서점 안으로 들어가서 소설책 및 자기계발과 관련된 코너를 지나 건강 관련 책이 놓인 곳을 둘러보는데, 'diet and nutrition'과 'exercise'가 통로를 마주 보고 배치되어 있었다. 우리나라 서점은 보통 건강 섹션으로 통합한 경우가 대부분인데, 완벽하게 분리되어 있는 그곳의 모습이 새로웠다.

'diet and nutrition' 코너에는 식이요법과 영양에 대한 내용, 그리고 조리법 관련 책들이 가득했고, 'exercise' 코너에는 저마다의 방식으로 다양한 운동법을 소개하고 있었다.

우리도 이 둘의 차이를 다르게 바라볼 필요가 있다. 헬스클럽이나 운동 센터에 방문해서 "운동의 목적이 뭐예요?"라는 질문을 받았을 때, 자동반사적으로 "다이어트요"라고 대답하는 경우가 많다. 음식 조절은 자신의 의지로 할 수 있고 집에서도 조절이 가능한데, 굳이 센터에 와서 왜 다이어트가 운동의 목적이라고 말하는 것일까. 이럴 때 체력 증진이나 체중 감소라고 하는 것이 상황에 맞는 대답이 되겠다.

이 절의 제목을 '선先운동 후後다이어트'라고 한 이유는, 과체중을 줄여나가기 위해서는 운동의 역할이 매우 중요하기 때문이다. 건강한 살빼기는 근육운동을 통해 근육을 증가시켜 평상시 에너지 소비량을 높이는 것이 우선이다. 그러면 예전보다 살이 덜 찌는 체질이 된다. 그다음으로 식이 조절을 병행할 때 '건강한 몸 만들기'가 된다. 물론 단기간에 체중 감소를 원하는 사람들 대부분은 무조건 굶는 식이 조절의 방법을 사용한다. 완전 단식부터 음식을 제한하는 다이어트는 짧은 기간 동안 어느 정도의 효과를 낼 수 있다. 하지만 다이어트로 체중 감량에 성공할지라도 그 결과를 유지하는 것은 또 다른 차원의 이야기다. 아무리 체중을 감량하고 사이즈를 줄였다고 해도 예전으로 돌아가거나 그 이상이 되는 경우가 많다. 다이어트는 체지방의 감소보다는 근육의 손실과 체내 수분 부족을 야기한다. 그렇기에 운동과 병행하는 것은 매우 중요하다. 음식 조절만으로 다이어트를 했다가 요요로 인해 몸도 마음도 고생한 사례가 주변에 적지 않다.

내 경우에는 처음 운동을 시작할 때 인보디 측정 결과가 심각했다. 체지방은 평균 이상을 웃돌고 근육은 바닥을 쳤다. 이렇게 가다가는 뼈가 약해지고 건강에도 무리가 온다고 했다. 근육이 없는 상태에서 무리한 식이 조절로 체중을 감량하기보다 우선 운동으로 몸을 만드는 것이 필요하다고 했다. 그래서인지 트레이너는 음식을 제한하지 말고 양껏 먹으라고 했다. '정말 먹고 싶은 것을 다 먹어도 되나?' 반신반의했지만 굳이 먹고 싶은 것을 참는 스트레스를 받고 싶지 않았기에 라면, 빵, 치킨 등을 마음껏 먹었다. 음식 섭취에 대한 제한이 없었으므로 스트레스도 받지 않았다. 3개월 정도 열심히 운동한 후 다시 인보디 측정을 했다. 그런데 이게 웬 일인가? 몸무게가 생각보다 많이 증가해 있었다. '너무 음식 조절에 신경 쓰지 않은 탓인가?'라는 생각에 당혹스러웠다. 하지만 트레이너는 숫자에 속지 말라고 했다. 근육량이 석 달 전에 비해 증가했기 때문에 체중이 늘어난 것일 뿐, 중요한 건 인보디 기계에 찍힌 숫자가 아닌 눈으로 보는 보디 체크라고 했다. 그러고 보니 몸에 라인이 잡히고 탄력이 생겨 예전보다 옷 태가 나는 것을 알게 되었다.

몸무게의 바늘이 운동하기 전보다 4킬로그램 정도 증가했지만, 숫자보다는 자신이 느끼는 몸의 변화가 더 중요하다. 근육이 증가하면서 그 무게로 인해 체중은 늘었지만 신체 사이즈는 줄어들고, 자세는 반듯해졌으며, 몸매는 예뻐졌다. 근육량이 늘고 나서 음식량을 조금씩 제한하며 식단에 신경 쓰기 시작했다. 이른바 선운동 후다이어트 방법이다. 식이요법을 할 때 가장 즐겨 먹었던 메뉴는 닭가슴살을 이용한 볶음밥이나 샐러드이다. 양상추와 파프리카, 끓는 물에 살짝 데친 브로콜리, 그리고 닭가슴살을 먹었다. 닭가슴살은 어떻게 요리해도 자기가 닭가슴살임을 잊지 않는다는 말이 있듯이 퍽퍽하고 맛이 없다. 그럴 때면

팬에 올리브오일을 살짝 두른 후 썰어놓은 양파를 넣고 볶는다. 양파가 노릇해질 때쯤 닭가슴살을 투척한다. 그리고 비장의 무기 매실액을 두 스푼 정도를 두른다. 그러면 캐러멜같이 색이 예뻐진다. 이렇게 먹으면 정말 맛있다.

체중 관리를 하는 시기에도 삼시세끼를 거르지 않고 다 챙겨 먹었다. 아침은 밥과 국을 기본으로 든든하게 먹었다. 외부에서 식사할 일이 많았으나 집에서 닭가슴살 샐러드를 가져와 일반식에 곁들여 먹으며 단백질 보충에 힘썼다. 저녁은 바나나와 고구마, 계란, 우유, 치즈, 과일 등으로 가볍게 먹었다. 그렇게 꾸준히 하다보니 체지방률이 더 많이 감소하고 근육량은 눈에 띄게 증가했다. 자극적인 음식과 밀가루를 최소한으로 섭취하니 재료 본연의 맛을 느낄 수 있는 장점도 있었다. 무엇보다 이렇게 운동과 식이요법을 병행하니 피부도 맑아지고, 얼굴이 붓거나 피곤한 현상도 크게 줄어들었다.

사람들이 맛있는 것, 먹고 싶은 것을 참아가며 이렇게 힘들고 극성스럽게 하는 이유가 뭐냐고 묻지만, 한 번도 가져보지 못한 것을 가지거나 이루려면 한 번도 해보지 않았던 방법을 시도해 보고 실천해야 한다고 생각한다.

더불어 체중 조절을 하기 위해서는 식이요법뿐 아니라 근력

운동을 병행하여 지방을 없애고 근육량을 늘려야 한다. 무작정 굶는 것이 능사는 아니다. 미국 펜실베이니아 주립대학교의 한 연구에 따르면, 식이요법과 운동을 통하여 9킬로그램을 감량한 사람들 중 유산소운동만 한 사람은 2킬로그램 정도의 근육이 감소한 반면, 근력운동을 병행한 사람은 지방이 없어지고 근육이 늘어난 것으로 나타났다. 근육이 1.5킬로그램 정도 늘어나면 매일 120칼로리를 더 소모시킬 수 있다.

주변을 둘러보면 1일 1식을 하거나 다이어트 관련 식품을 섭취하며 체중 감량에 힘쓰는 사람들도 많고, 지방흡입이나 지방분해 주사와 같은 시술을 받는 사람들도 적지 않다. 살을 쉽게 뺄 수 있다 하더라도 그것을 유지하기 위해서는 운동이 필수다. 운동 없는 다이어트diet는 죽음die으로 가는 지름길이고, 다이어트 없는 운동 역시 반쪽짜리 방식일 뿐이다. 여러분은 부디 선운동 후다이어트로 건강과 몸매 두 마리 토끼를 다 잡길 바란다. 힘들이지 않고 살을 뺀다는 생각은 버려라. 쉽게 얻은 것은 쉽게 잃는 법이다.

건강은 모든 자유 가운데 으뜸이다.

앙리 프레데릭 아미엘

운동
왜 하세요?

"운동 왜 하려고 하세요?"

운동을 하려고 마음먹고 센터를 방문했을 때 담당 트레이너에게 처음으로 받은 질문이다. 그 당시는 오래 서 있는 직업 특성상 허리 통증으로 고생하던 시기였기 때문에 "허리 건강을 위해서"라고 대답했던 기억이 있다. 신체적인 통증 때문에 정신적인 스트레스까지 가중되면서 매사에 짜증이 나고 능률도 오르지 않았으며, 무엇보다 행복하지 않았다. 물론 지금은 꾸준한 운동과 관리를 통해 건강해졌지만 말이다. 만약 지금 그때와 같은 질문을 받는다면, "건강한 몸 상태를 만들기 위해, 행복해지기 위해 지금도 앞으로도 지속적으로 운동을 하겠어요"라고 답할 것이다.

모든 일에는 '왜?'라는 물음표가 선행되어야 한다. '그냥'이라는 것은 있을 수 없다. 보통 여자들의 경우 운동을 하는 이유로 '선운동 후다이어트' 편에서 다룬 이야기처럼 다이어트를 1순위로 꼽는다. 이제 우리는 이 대답에서 잘못된 점을 바로 찾을 수 있다. '다이어트'와 '운동'을 확실히 구별할 수 있기 때문이다. 다이어트는 운동을 수행하는 과정 중에 자연스럽게 따라오는 창조적 결실임을 기억하라.

다이어트라는 대답에 뒤이어 "건강하기 위해", "아프지 않기 위해", "주변에서 다들 한두 가지 운동으로 자기 관리를 하니 나도 뭔가를 해야 할 것 같은 생각에 시작했다" 등등의 말이 나온다. 각자의 입장과 처지, 필요성에 따라 다양한 답변이 이어지겠지만, 운동을 해야 하는 이유에 대해 한번 생각해볼 필요가 있다. 이유가 분명해야 멀리 보고 꾸준히 할 수 있다. 운동 자체에 목적을 두어야 하고, 제대로 배운다는 것을 목표로 천천히 임해야 한다. 누누이 말하지만 '몸매 관리'가 아닌 '몸 관리' 측면에서 접근해야 한다. 그럴듯한 몸매와 11자 복근 같은 외적인 부분으로 접근할 것이 아니라, 기능적인 움직임과 정신적 건강의 측면에서 다가가 운동을 하면서 삶의 질이 어떻게 변화되는지 느껴봐야 한다. 몸이 바로 서고 마음이 편안해야 그 바탕에서 모든 것이 시작된다.

행복해지기 위해 운동을 한다는 말이 의아하게 들릴 수도 있다. 하지만 나는 정말 운동을 통해 행복해졌고, 운동을 하면서 삶을 알아가고 있다. 생각하기에 따라 운동을 하는 과정은 인생의 축소판이다. 흔히 역경을 극복하고 나면 그만큼 성숙해지는 게 인생이라고 말한다. 운동 역시 때로는 기구를 내려놓고 싶을 만큼 힘든 순간이 온다. 하지만 그 시간을 극복해야 더 발전되고 성장한 나를 만날 수 있다. 힘들어 포기하고 싶지만, 그럼에도 살아가는 게 삶인 것처럼 계속 노력해야 하는 것이 운동이다. 땀을 '지방이 흘리는 눈물'이라고 표현하기도 하는데, 운동 후의 희열감과 개운함은 겪어본 사람만이 알 수 있다. 또한 삶에는 지름길이 없다. 묵묵히 한 걸음씩 앞으로 나아가다보면, 당장 삶의 목표를 이루지 못했다고 하더라도 분명히 어제보다는 목표에 더 가까워졌음을 느낄 수 있다. 운동도 마찬가지다. 그냥 얻어지는 것은 없다. 운동 한두 번 해본 걸로 별 효과가 없다고, 운동과 맞지 않는다고 단정 짓는 사람들은 많은 것을 경험해보지 않고 삶을 포기하는 것과 같다.

물론 평생 운동과는 담을 쌓고 사는 사람들도 있다. 하고 안하고는 자신의 선택이다. 강요할 수 없는 부분이다. 하지만 나는 장담한다. 운동을 통해 건강한 땀을 흘려보지 못한 사람은 신체의 건강한 에너지를 느낄 기회가 그만큼 적을 것이며, 자신의 진면목을 볼 기회를 놓치는 것이다. 분명 그런 인생은 나약해질 수밖에 없다. 처음 운동을 시작한 이후로 나는 누군가가 정해둔 미적 기준에 맞추기 위해 운동을 하기보다 건강한 신체에 대한 관심과 몸 에너지의 향상 자체에 늘 집중했다.

운동이라는 틀 안에서 생각하기가 어렵다면 조금 다른 관점을 제시한다. 지금 당신에게 가장 중요한 일, 혹은 가장 원하는 일을 떠올려보라. 물론 이 역시 연령대에 따라 판이하게 다른 답이 나올 수 있다. 크게 취업, 진학, 연애, 결혼과 출산, 이직, 노후 대비 등으로 축약해본다. 이 중 당신의 관심도에 우선순위를 매긴다면 1순위는 무엇인가? 가장 큰 관심사가 취업이라고 가정하자. 원하는 회사에 취직하기를 바란다면 그 회사에 맞는 스펙을 준비해야 한다. 그리고 최고의 컨디션으로 면접을 봐야 한다. 스타트업이나 사업을 준비할 때도 능률적으로 계획에 따라 수행하고 움직이기 위해서는 건강을 우선시해야 한다. 집중해서 준비에 매진하기 위해 체력의 향상은 필수다. 성공의 기본 자산은 건강한 몸과 철저한 자기 관리라고 1인 기업으로 성공한 사람들이 공통적으로 강조하고 있다. 즉 건강하면 원하는 일을 더 잘 준비할 수 있다.

나는 평소 이동하는 중에 라디오를 즐겨 듣는다. 아나운서 이금희 씨가 진행하는 프로그램은 편안하고 따뜻한 느낌이 들어서 애청하는데, 어느 날 만학도로 대학원 진학을 하게 된 청취자의 사연이 소개되었다. 자신보다 까마득히 어린 나이의 학생들과 함께해야 하는 대학원 생활에 잘 적응할 수 있을지에 대한 고민이 담긴 내용이었다. 그 사연에 이금희 씨는 "다른 것보다 입학 전에 체력을 좀 만들어두세요"라고 말했다. 자신도 대학원에 만학도로 들어가 공부했는데, 시험 기간에 밤을 새우거나 리포트 제출로 인해 정신없던 시기가 있었다고 한다. 그때 '내가 무슨 부귀영화를 누리겠다고 이렇게 힘들게 사나' 싶어 갑자기 서러움에 목이 메어 엉엉 울었던 경험이 있다고 이야기했다. 가장 중요한 것은 버티는 체력이니 건강관리에 힘쓰시라는 그녀의 말에 크게 공감했다.

임신과 출산이 지금 가장 큰 관심사라고 해도 다르지 않다. 친구들 중 결혼 후에 아기가 생기지 않아 마음고생을 한 경우가 적지 않았다. 불임과 난임으로 고생하던 친구들이 가장 먼저 한 일은 몸을 따뜻하게 하고 마음을 편안하게 가지며 체중을 줄이는 것이었다. 그들은 그렇게 아기 천사를 만날 준비를 했다. 이때 가장 중요한 것은 산모의 건강이다. 임신 연령이 높아지고, 임신 후에도 일을 하는 특성 때문에 몸을 잘 살피지 못해 한 달씩 병원 신세를 지는 경우를 많이 봐왔다. 모든 것이 건강과 연계된다. 건강해야 원하는 일들, 이루고 싶은 것들을 해내고 얻을 수 있다.

이처럼 건강은 자신이 하고 싶고, 이루고 싶은 일을 하기 위한 바탕을 마련해준다. 지금 이루고 싶은 것들의 우선순위를 정해보자. 그리고 올해 안에 내가 이루고자 하는 목표가 있다면 운동을 해야 한다. 건강해야 그것을 이룰 수 있다는 마음으로 시작한다면 중도에 포기하지 않고 결국 해내게 된다. 즉 나는 행복하기 위해 운동하고, 원하는 것을 성취하기 위해 운동하는 것이다.

운동은 나를 자유롭게 한다. 다시 말해 건강이 있는 곳에 자유가 있다. 자유롭고 싶은가? 그러면 주저하지 말고 운동을 시작하라. 몸이 건강하지 못하면 어느 분야에서도 자신이 하고자 하는 것을 마음껏 꽃피울 수 없다. 사람은 개화의 순간을 기다리는 무한한 가능성을 가진 씨앗이다. 건강하지 못하다면 꽃을 피우기는커녕 새싹이 나오다가 죽어버린다.

"'○○ 없이는 어디에도 갈 수 없고, 어디에도 도달할 수 없다'라는 말이 있는데, 여러분이라면 ○○ 안에 어떤 단어를 넣고 싶으신가요?"라며 가끔 메리 올리버Mary Oliver의 글을 인용한 문장으로 강의 시간에 질문을 한다. 자동차, 보조배터리, 전화기, 열정, 꿈 등 다양한 답이 나오는데, 그중 가장 많이 등장하는 대답이 바로 '건강'이다. 가끔 '다리'라고 말하는 분들도 있다. 건강이나 다리나 같은 맥락으로 이해한다. 이러한 답은 임원이거나 연령대가 조금 높으면 더 많이 언급된다. 인생 선배님들은 건강해야 어디든 갈 수 있고 원하는 목표에 도달할 수 있다는 설명도 꼭 덧붙인다.

얼마 전, 몸과 마음의 균형에 관련된 'Body & Mental Fitness' 강의를 들은 분에게서 한 통의 메일을 받았다. 그분은 마라톤 풀코스를 30회 이상 뛰었고, 테니스와 탁구 등 여러 운동을 즐기며 누구보다도 건강했다고 자신을 소개했다. 하지만 사고가 있었고, 지금은 많이 회복된 덕분에 일상생활은 가능하나 오른쪽 다리의 움직임이 자유롭지 못하다고 했다. 다시 얻은 지금의 삶에 감사하지만 너무 답답하다며 운동을 즐기던 당시의 사진도 두 장 첨부해서 보내주었다. 더불어 자신은 사고를 통해 삶이 바뀌었고 생각하는 방식과 행동하는 방식까지 변했다며, 내 이야기를 듣는 동안 공감되는 부분이 많았다고 했다. 그러고는 건강관리 잘하라며 진심을 전해왔다.

참 따뜻했다. "알아야 안아줄 수 있다"는 말처럼 경험을 통해 직접 힘든 과정을 극복한 분이 전해주는 말이 내게 큰 힘이 되었다.

여러 통계와 연구 논문을 통해 증명된 운동의 효과는 다양하다. 하지만 나는 정확한 과학적 수치보다 마음가짐이 변화되는 것에 더 중요도를 둬야 한다고 생각한다. 인간은 결국 끊임없이 움직여야 하고, 중력을 이겨내야 하는 존재다. 운동이 삶이라는 여정 속에서 자신을 승자로 만들어줄 것이다. 여성들이여, 운동을 왜 하는지에 대해 여러분도 자신만의 답을 한번 생각해보라. 질병이나 사고로 인한 건강 상실은 생각의 전환에 따라 자신을 더 새롭게 하고 사랑하게 될 기회를 담고 있다. 여러분의 삶에서 열심히 노력하고 관리하는 순간 자기 자신을 더욱 사랑하게 되며, 당신의 삶은 더욱 빛나게 될 것이다. 행복해지고 싶은가? 운동을 시작하라.

우리는 운전수를 고용하여 우리 차를 운전하게 할 수도 있고, 직원을 고용하여 우리를 위해 돈을 벌게 할 수도 있지만, 고용을 하더라도 다른 사람에게 병을 대신 앓도록 시킬 수는 없다. 물질은 잃어버리더라도 되찾을 수 있지만, 절대 되찾을 수 없는 것이 하나 있으니, 바로 삶이다.

몸이 답이다

누구라도 수술실에 들어갈 즈음이면 진작 읽지 못해 후회하는 책 한 권이 있는데, 이름하여 건강한 삶 지침서이다.

— 스티브 잡스의 '마지막 편지'에서

왜 사람들은 잃고 나서야 건강에 대해 관심을 가지고 관리하지 못한 자신의 과오를 후회하는 걸까. 보기에 좋은 몸이 아닌, 마음먹은 바를 무리 없이 추진할 수 있으면서 정신건강을 해치지 않을 정도의 체력을 가진 몸이 진짜 완벽한 몸이다.

내가 보니 여러분은 매일 다음 둘 중 하나를 하고 있군요,
건강을 바로 세우거나 스스로 병을 만들거나.

아델 데이비스

내 몸이 보내는
시그널에
집중하자

직업의 특성상 장거리 이동이 많다. 2박 3일 동안 1,200킬로미터를 이동한 적도 있다. 하루에 기본적으로 200~300킬로미터를 운전하다보니 허리에 많은 부담이 온다. 하지만 일이 너무좋았고, 강의를 할 수 있는 자체가 행복했기에 힘든 것을 상쇄하고도 남았다. 그렇게 내달리기를 4년째. 허리 통증이 점점 심해졌고, 운전 시 잘못된 자세로 인해 오른쪽 무릎도 내회전이 되어틀어졌다. 몸은 여러 통증의 형태로 계속 신호를 보내왔지만, 일에 가속도가 붙어 그 신호에 귀를 기울일 여유가 없었다. 그러다가 일어나기 힘들 정도로 허리가 아프고, 에너지가 예전 같지 않을 때가 되어서야 비로소 몸의 심각함을 알아차렸다. 건강을 자신했던 나에게 다가온 첫 번째 위기였다. 다행히 허리에 특별한 이상소견은 없었다. 하지만 계속 아팠고, 밤잠을 설치는 날도 많았다. 수술은 위험부담이 있었고, 딱히 어떤 부위가 아픈지 짚어 말하기도 애매해서 치료 받기가 어려웠다.

또 다른 문제는 무릎이었다. 20대일 때는 9센티미터의 킬힐을 신고 뛰어다녀도 문제가 없던 무릎이 이제는 구두를 신고 계단을 내려오기도 힘들 정도로 망가졌다. 난간을 잡고서야 조심조심 내려올 수 있었다. 어머니가 사용하는 무릎에 좋은 파스를 밤에 몰래 붙이고 잠들기도 했다. 나이를 먹으면 가장 중요한 게 '연골'이다. "연골이 망가지면 아무것도 할 수 없다"는 말이 왜 이리 마음에 와닿는 걸까? 우습기도 하고 걱정되기도 했다. 서 있는 게 힘들다보니 자세가 구부정해지고 의욕도 떨어졌다. 급기야 일을 하는 것 자체가 무리가 되기 시작했다. 그렇게 좋아하는 강의가 버거워질 정도였다. 분명 이렇게 큰 이상이 생기기 전에 몸은 통증으로 위험을 지속적으로 알려주고, 나에게 경고를 했었다. 내 몸은 여러 번의 신호를 보내왔지만 몸이 하는 말을 무시한 결과, 내 몸이 내 말을 무시하기 시작한 것이다. 나뿐만 아니라 대부분의 사람은 그 신호를 대수롭지 않게 생각하고 평소와 다름없이 생활한다. 그러다 어느 한순간에 건강을 잃게 된다.

후회할 때는 이미 늦다. 그렇기에 우리는 몸의 센서를 잘 밝혀둬야 한다.

허리와 무릎의 통증을 고질적으로 달고 살 수만은 없었다. 통증은 내 몸의 변화와 개선을 요구하는 일종의 아우성이었다. 아우성을 치다가 그마저도 지치면 전원이 나가버린다. 더 늦기 전에 대책을 세워야 했다. 그래서 운동을 선택했다. 통증이 있는 부위를 사용하지 않으면 잘못된 기억이 몸에 입력되어 문제를 악화시킬 수도 있다. 그러므로 움직이는 것을 선택했다.

내가 한 선택 중 가장 잘한 것을 꼽으라면 운동을 시작한 것이다. 당시만 해도 바쁘다는 이유로 꾸준히 하던 운동을 멈춘 지제법 된 때였다. 거기에 이사까지 했던 터라 운동 관련 정보도 없었다. 무조건 다니기 가깝고 편한 곳 위주로 찾았다. 그러다 집에서 5분 거리에 위치한 센터를 방문하게 되었다. 전화로 상담 예약을 하고 센터로 갔다. 설명을 듣고 시설을 둘러봤다. 처음 간 곳이지만 접근성이 좋았고, 8층에 위치해 전망도 괜찮았다. 그때도 운동하는 그 자체에 의미를 두기보다 시설이나 환경과 같은 잿밥에 관심이 더 많았던 것 같다. 이번에 제대로 운동을 배워보겠다는 결심으로 찾았던 곳이라 개인 PT를 염두에 두고 등록을 했다.

그곳은 시스템상 신규 등록을 하면 무료 PT 3회권이 나왔다. 라이언이라는 이름의 담당 트레이너로부터 전화가 왔다. 그와 일정을 조정하다가 강의 시간과 겹쳐 결국 다른 트레이너에게 지도를 받게 되었다. 굉장히 앳된 얼굴의 트레이너였다. 그는 얼굴만 앳된 것이 아니라 경험도 없어 보였다. 안절부절못하는 것이 눈에 보였다. 운동에 대해 별다른 지식이 없는 나에게 끌려온다는 느낌을 받았다. 운동을 제대로 시작하려고 마음먹었기에 조금 더 경험이 많고 카리스마 있게 이끌어줄 선생님이 필요했다. 운동에 적응하기까지 코치 역할을 해주는 트레이너를 잘 만나야 한다고 생각했다. 다른 선생님께 지도를 받고 싶다는 생각이 들었지만, 우선은 별다른 이야기 없이 첫날 운동을 마쳤다.

그리고 집으로 가기 위해 엘리베이터를 탔다. 처음 보는 트레이너가 "안녕하세요, 회원님" 하고 인사를 건넸다. 그러고는 "제가 꼭 봐드리고 싶었는데, 시간이 안 맞아서 아쉬웠어요. 내일 오전 시간 괜찮으시면 제가 좀 봐드릴까요?"라며 어제 통화했던 트레이너라고 자신을 소개했다. 마침 다음 날 개인 운동을 할 예정이라 지도를 부탁했다. 트레이너는 나에게 운동 목적이 뭐냐고 물었다. "살을 빼기보다는 허리 좀 안 아프게 살고 싶어서요"라고 대답했다. 얼마든지 좋아질 수 있다고 말하는 트레이너의 말에 확신이 생겼다.

첫날 지도를 받았던 선생님과는 다르게 운동의 원리에 대한 설명과 함께 자신감이 넘치는 모습에 라이언 트레이너와 운동을 시작하게 되었다.

나는 주로 새벽 6시나 6시 반, 오전 시간대에 운동을 했다. 한동안 운동을 멀리했기에 정확한 자세를 다시 익히고 운동 방법을 배웠다. 시간이 나는 대로 개인 운동도 열심히 했다. 허리 통증을 완화시키는 스트레칭과 운동에 대한 정보도 제공받았다. 처음부터 욕심을 부리기보다 서서히 좋아지기를 바라며 열심히 하다보니 허리 통증이 많이 줄어들었다. 척주기립근이 단련되니 오래 서 있는 날에도 피로도가 덜했다. 몸의 신호에 귀를 기울이고 반응하며 관리하니 건강이 한결 좋아졌고, 얼굴에도 활력이 돌았다. 무엇보다 한 시간의 운동이 10분처럼 느껴질 만큼 운동의 가치를 알게 되었고 재미도 생겼다.

트레이너를 통해 운동할 때의 마음가짐에 대해서도 많은 이야기를 듣게 되었다. 그는 단순히 동작을 취하기보다 근육의 움직임을 느껴보라고 자주 이야기했다. 집중을 하고 지금 운동을 하고 있는 부위가 더 건강해질 것을 생각하며 상상해보라고 했다. 과연 그게 효과가 있을까 싶었지만, 그렇게 집중을 하고 운동하

몸이 답이다

니 자극도 더 잘 느껴지고 제대로 강화가 되는 느낌이었다.

그때 그런 연습을 한 덕분인지 지금은 몸이 보내는 신호에 세심하게 귀를 기울이게 되었다. 거기에 맞춰 대처하는 능력도 빨라졌다. 그리고 몸과의 꾸준한 대화를 통해 자신을 더 사랑하게 되었다. 불가능할 것이라고 지레 겁먹었던 일들에 대해서도 '할 수 있다'는 자신감을 가지게 되었다. 운동을 통해 삶의 많은 부분이 긍정적으로 바뀌었다.

기업 강의를 하다보면 30~40대의 여성들을 자주 만난다. 그녀들은 육아와 집안 살림, 그리고 회사 업무를 수행해내는 슈퍼우먼이다. 실제로 이야기를 나누다보면 여러 역할을 소화하느라 자신을 챙길 새가 없고, 그러다보니 체력도 떨어지고 허리나 목, 골반 통증을 달고 산다는 말을 듣게 된다. 그들은 몸이 보내는 시그널에 대해 알면서도 운동을 하지 못하는 몇 가지 공통점이 있었다. 첫째, 시간적 여유가 없다. 둘째, 경제적인 부담이 마음에 걸린다. 셋째, 체력의 소진으로 인해 운동이 노동으로 변질될 것 같다는 두려움이었다. 이미 통증을 느꼈고, 운동의 필요성을 자각하고 있지만, 실행할 수 없는 현실이 참 안타깝고 답답했다.

운동은 꼭 어딘가로 가서 해야 하는 것이 아니다. 집에서 매트를 깔고, 또는 이불 위에서도 허리를 강화하고 코어를 단련할 수 있는 방법들이 있다. 나 역시 운동 센터에 가지 않아도 꾸준히 운동을 하며 유지하려고 한다.

이 부분의 글을 쓰고 있는 나는, 현재 두 달 동안 캐나다에서 생활하고 있다. 멀리 나와 있다고 해서 운동을 쉬지는 않는다. 매일 팔굽혀펴기 100회, 스쿼트 300회 등 내 몸의 체중을 이용한 운동을 지속적으로 하면서 몸을 관리하고 있다.

특별히 긴 시간을 투자하지 않아도, 비용을 많이 들이지 않고도 하고자 하는 마음만 있으면 어디서든 몸을 관리할 수 있다. 몸이 필요한 것을 채워주기 위해 운동하고, 휴식하고, 좋은 음식을 섭취한다. 가장 빛나는 순간을 가장 오래 머물도록 하는 유일한 방법이 건강을 유지하는 것이다. 그래서 오늘도 나는 몸을 생각한다.

여러 가지 이유로 운동을 미루고, 지금 이 순간에도 몸이 보내는 신호를 무시하면서 병을 키우고 있지는 않은지 돌아보자. 통증이 가중되는 걸 알면서도 언제까지 시간과 경제적인 부담을 이유로 자신의 몸을 등한시하려 하는가? 몸 안에서 시작되는 통증은 밖으로 이동한다. 그리고 몸뿐 아니라 다른 사람들과의 관계에도 어느 순간 영향을 미치며 내 영혼을 잠식해간다. 필요성

몸이 답이다

을 느꼈다면 이제는 거두절미하고 실천해야 한다. 여성들이여, 아무것도 하지 않으면서 통증이 그냥 사라지길 기대하지 말라. 지금이라도 건강을 바로 세우려는 노력을 기울여야 한다.

학식도 미덕도 건강이 없으면 퇴색한다.

몽테뉴

체력이 있어야
활력이 생긴다

주전자 두 개가 있다고 가정하자. 똑같은 크기의 주전자를 동시에 똑같은 세기의 불 위에 올린다. 이때 주전자 하나에는 물이 가득 차 있고, 다른 하나에는 절반만 들어 있다. 어느 쪽 주전자가 빨리 끓을까? 당연히 물이 적은 쪽이 먼저 반응하게 된다. 주전자 안에 담긴 물의 양을 몸의 에너지라고 생각해보자. 물의 양이 적은 주전자가 더 빨리 끓어오르는 것처럼 우리도 체력이 바닥난 상태에서는 똑같은 업무에도 훨씬 빨리 지치고 스트레스를 더 받게 된다. 체력體力은 한자의 뜻 그대로 '몸의 힘'을 의미하며, 보다 윤택하고 행복하게 일상생활을 유지해나가게 만드는 근원이다.

몸의 힘이 저하되면 단순히 신체적 무기력에 빠질 뿐 아니라 상대에 대한 이해나 배려를 하기에 역부족인 상태에 놓이고, 감정을 다스릴 여유도 없어진다. 매사에 화르르 끓어넘치거나, 그냥 웃어넘길 일에도 필요 이상으로 예민하게 반응한다. 컨디션이 좋았다면 아무런 문제가 되지 않은 일에 자신도 모르게 격한 반응을 보여서 대화가 단절되기도 한다. 몸이 피곤하고 체력이 바닥나면 만사가 귀찮아진다. '체력'이 '뇌력腦力'이고, '체력'이 '마음력[心力]'이다. 더 나아가 '체력'이 '소통력疏通力'이다. 즉 체력이 있어야 매사에 활력이 생긴다.

오랜 회사 생활을 통해 얻은 것은 육체적 피로와 스트레스라며 하소연하던 지인이 있다. 하루가 다르게 체력이 떨어지는 게 느껴지고 쉬는 날이면 누워만 있게 된다던 그녀는, 꾸준한 운동을 통해 달라진 내 모습을 보고 자신도 변하고 싶다며 운동을 시작했다. 한 달 후 그녀를 만났을 때, '플랭크'를 한 달 플랜에 따라 꾸준히 하고 있다며 한껏 들뜬 표정으로 자랑하듯 말했다. 15초에서 시작해 지금은 1분도 거뜬히 버틴다며 한 달 후에는 더 좋아질 거라고 이야기하는 그녀의 미소가 참 아름다웠다.

운동을 하다보면 체력의 증진과 더불어 정신적인 성취감과 만족감이 생긴다. 팔굽혀펴기를 한 개조차 제대로 할 수 없었던 내가 바른 자세로 열 번을 해낼 때의 성취감은 이루 말할 수 없다. 허리 강화에 도움을 주는 데드리프트dead-lift 역시 빈 바를 들고도 힘들어하며 균형을 못 잡았는데, 이제는 50킬로그램 이상을 거뜬히 들어 올린다. 그때의 기분 역시 최고다. 단순히 무게를 올리는 것에 대한 만족감이 아니다. 운동을 통해 약한 부위가 강해지고, 통증이 사라지는 경험을 통해 조금씩 더 건강해지는 자신을 돌아보는 사이에 삶의 질은 향상되고 행복에 조금 더 가까워진다.

운동을 통해 자신의 한계를 극복하고 건강을 잘 유지하는 사람들은 '해냈다', '강해졌다', '어제보다 좋아지고 있다', '뭐든 할 수 있다'라는 자신감이 온몸을 휘감고 있다. 자신감은 자만이나 오만, 거만과는 다른 개념이다. 자신감自信感은 문자 그대로 '스스로 믿는 마음'을 의미한다. 꾸준히 운동하겠다는 자신과의 약속을 지켜낸 것만으로도 뿌듯하다. 몇 킬로그램의 무게를 들어 올리느냐는 것은 사실 중요하지 않다. 매 순간 성취감을 맛보는 긍정적인 마음작용은 자존감self-esteem을 향상시킨다. 마음이 커진다는 것은 자존감이 높아지는 것을 의미한다. 자존감이 높은 사람은 타인의 말에 쉽게 상처받지 않고 노여워하지 않는다. 어지간한 일은 웃으며 넘길 수 있게 된다.

'체력이 모든 것'이라고 생각하게 된 상반된 경험에 대해 이야기하고자 한다. 첫 번째는 불가능하다고 생각했던 것들을 성취하고, 이러한 감정들이 생활에 긍정적인 영향을 미쳤던 경험이다. 몇 년 전, 9박 10일 일정으로 히말라야 안나푸르나 베이스캠프까지 4,130미터를 등반했었다. 원정을 떠나기 전 체력적으로 뒤처져 함께하는 일행에게 민폐를 끼치지 말아야겠다는 각오로 등반을 시작했다. 평소에 운동으로 체력을 단련해왔지만, 등산할 때 쓰이는 호흡과 근육은 또 달랐다. 무엇보다 호흡이 가빠지고 심장이 터질 듯 빨리 뛰어 숨 쉬기가 버거웠다.

집 근처 석성산은 높지는 않지만 정상 부근으로 갈수록 바위가 많고 가파른 고개가 있어 만만하지 않다. 그렇게 연습을 해서인지 점점 등산할 때 심장박동도 안정적이 되고 다리도 한결 가벼워졌다. 무엇보다 자신감이 생겼다. 덕분에 히말라야에서도 선두 그룹에서 여유를 가지며 오를 수 있었다.

히말라야 산행 당시 하루 평균 8시간씩 걸었다. 걷고 먹고 자는 일의 반복이었다. 전날의 피로가 채 풀리기도 전에 새벽이면 짐을 꾸려 출발해야 했다. 하루 14시간을 내리 이동한 날도 있었다. 고된 산행으로 인한 피로와 근육통과 추위와의 싸움 끝에 4,130미터 고지에 올랐을 때 우리 모두는 부둥켜안고 눈물을 흘

몸이 답이다

렸다. 다들 왜 그리 눈물이 났는지 모르겠다고 했다. 아마도 그 눈물의 의미는 해냈다는 성취감과 환희가 아니었을까 싶다. 웃음과 슬픔의 뿌리는 눈물인 게 분명했다. 너무 좋아서 웃으면서도 눈물이 났다. 그때의 일을 회상하는 것만으로도 "히말라야도 등반하고 왔는데, 이까짓 건 뭐 힘든 것도 아냐!"라며, 지금 눈앞에 놓인 힘든 일이 극복할 만한 일로 바뀐다. 건강한 몸과 긍정적인 마음이면 못 할 일이 없다.

두 번째는 교통사고로 건강이 바닥을 치고 체력적으로 좋지 않았을 때, 마음이 힘들어 사랑하는 사람들을 배려하지 못했던 경험에 대해 이야기하려 한다. 연달아 일어난 교통사고로 인해 충격을 받은 몸이 말을 듣지 않았다. 목이 좌우 앞뒤로 거의 움직여지지 않았고, 혼자 눕거나 일어나는 것도 힘들었다.

물리치료를 받기 위해 움직이는 것 말고는 누워만 있으니 갑갑증이 생길 지경이었다. 건강을 자신했던 내가 몸조차 제대로 가누지 못하는 상태가 되니 너무도 우울했다. 병원 옥상에 올라가 바람을 쐬는 것도 잠시, 다리에 힘도 없고 몸은 계속 기운 없이 축 처지기만 했다. 세포 하나하나의 에너지가 빠져나간 듯 무기력한 느낌이었다. 의지대로 움직여지지 않는 몸을 데리고 지내는 동안 나도 모르게 인상을 쓰는 일이 잦아졌다.

지인들이 문병을 와도 하나도 반갑지가 않았다. 마음은 그렇지 않은데 몸이 따라주지 않았던 것이다. 당시에는 일어나서 앉는 것도 힘들었고, 말 한마디 건네는 것도 귀찮기만 했다. 바닥난 체력 때문인지 마음과 달리 먼 길 와주신 분들께 감사함을 전할 수가 없었다. 몸과 마음의 에너지가 고갈된 상태에서 원만한 소통은 불가능하다. 반가움보다는 아픈 것만 계속 의식되기 때문이다.

건강한 신체의 중요성과 운동을 통한 체력단련은 삶의 행복과 활력을 증진시키는 것과 연관성이 깊음을 그때 뼈저리게 느꼈다. 몸의 에너지가 바닥난 상태에서 정신적인 힐링을 기대하는 것은 어리석음을 알기에 지금은 몸 관리에 더욱 힘쓰고 있다. 체력이란 외피 없이 정신력으로 버티는 것은 한계가 있기 때문이다.

질병을 얻는 것, 불의의 사고로 통증을 얻는 것, 지나친 다이어트로 몸을 상하게 하는 것, 바쁜 일상 속에서 체력 관리를 소홀히 하는 것은 위험을 동반한 또 하나의 기회다. 삶에서 '건강'이 얼마만큼 소중한 가치를 가지고 있는지를 알게 해준다. 또한 여전히 살고는 있지만 예전과는 다른 일상을 통해 나를 오롯이 들여다보는 시간을 얻을 기회를 마련해준다. 그런데 건강을 잃기 전에 그 소중함을 깨달으면 더 좋지 않을까 생각한다.

여성들이여, 신체적 기능 향상과 심리적 건강을 위해 운동을 시작하자! 운동을 해본 적이 없으니 운동을 통한 변화를 모를 뿐이다. '인생은 살이 쪘을 때와 찌지 않았을 때 두 가지로 나뉜다'는 다이어트와 관련된 자극적인 문구를 나는 이렇게 고쳐 말하고 싶다. '인생은 건강할 때와 건강하지 않을 때 두 가지로 나뉜다'고 말이다. 자, 여러분은 어떤 것을 선택하고 싶은가? 건강을 얻으면 모든 것을 얻는다. 체력이 모든 것이다.

우리가 노력 없이 얻는 거의 유일한 것은 노년이다.

글로리아 피처

현혹될수록
벗어날 수 없다

365일 다이어트를 하는 친구가 있다. 유행하는 대부분의 다이어트 방법을 시도해본, 자칭 다이어트 노마드족이다. 얼마 전에 만났을 때는 요즘 핫하다는 칼라만시 디톡스 음료가 담긴 물병을 들고 왔다. 친구는 원 푸드 다이어트, 덴마크 다이어트에 지금 하고 있는 디톡스 다이어트도 부족해 각종 다이어트를 섭렵하며 식욕억제제까지 처방받아서 체중 관리를 한다.

예전엔 한약을 먹으면 음식이 쓰고 맛이 없어지면서 식욕이 떨어진다는 누군가의 말에 한약을 지어먹기도 했다. 지방분해 주사, 카복시, 메조테라피까지 패키지로 끊고 비만 클리닉을 수시로 드나들며 시술을 받은 적도 있다. 다행히 아직 지방흡입 수

술까지는 고려하지 않는 눈치다. 다이어트에 관해서만큼은 어찌 그리 귀가 얇은지 참 속상하다.

친구는 식이요법으로 3개월에 15킬로그램을 감량해 모두를 놀라게 한 적도 있다. 하지만 잠깐의 사이즈 감소와 체중 감소는 심한 요요로 오래 유지되지 못했다. 운동만 빼고 남들이 한다는 모든 방법을 경험한 친구의 다이어트는 오늘도 현재진행형이다. 그러나 여전히 건강하지 못하고 원하는 몸무게에 도달하지 못했다. 우리 주변에는 운동하지 않고 쉽고 빠르게 살을 뺄 수 있다는 각종 방법이 난무한다. 물론 그런 방법으로 체중 감량에 성공한 사람이 없지는 않다. 하지만 두 달 이상 유지하는 사람은 드물다. 단기간에 뺀 살은 단시간에 두 배로 돌아온다. 돈은 돈대로 버리고 반복되는 요요 현상에 정신적 스트레스는 쌓여만 간다.

대학교 졸업사진을 찍기 전이나 결혼식을 앞두고 촬영을 해야 하는 예비 신부, 그리고 휴가를 가기 전 관리를 해야 할 때 많은 여성이 단기간의 극강 다이어트에 돌입한다. 운동을 하기에는 시간이 없고, 빠른 시간에 몸을 관리해준다는 문구들은 우리의 심리를 자극한다.

단기간에 지속되는 변화와 현상, 또는 소비자들이 원하고 마음을 주는 스타일이나 라이프스타일에 영향을 미치는 어떠한 현상을 의미하는 '트렌드'라는 말은 여러 분야에서 사용된다. 매 연초가 되면 그해의 새로운 동향이나 사회적 추세에 대해 이야 기하는 책부터 '트렌드'라는 검색어만 입력해도 푸드 트렌드, 자 동차 소비 트렌드, 웨딩 트렌드, 패션, 메이크업 트렌드처럼 많 은 자료를 찾을 수 있다.

다이어트에도 트렌드가 있다. 유명 연예인이 해서 살을 뺐다 는 다이어트 법이나 방송에 출연한 누군가가 한 달 만에 10킬로 그램을 감량했다는 방법, 어떤 과일이나 음식이 다이어트나 지 방분해에 탁월한 효과가 있다고 방송에 나갈 경우, 다음 날이면 관련 문의와 구매가 쇄도하고 품절 사태를 겪는다고 한다. 그리 고 하루아침에 다이어트 유행의 중심이 된다. 그러나 유행하는 패션도 나에게 어울리지 않으면 아무 소용이 없듯이 유행하는 다이어트도 나에게 맞는지, 혹은 다른 문제점은 없는지 꼼꼼히 따져보고 선택해야 한다.

각종 이름으로 유행하는 다이어트나 상업적 다이어트 방법은 장기적으로 체중 감량에 도움이 되지 않는다. 가장 안전하고 효 과 있는 확실한 다이어트는 단 한 가지다. 긴 호흡을 가지고 오 랜 시간에 걸쳐 습관을 바꾸는 것이다. 쉽게 얻는 것은 쉽게 멀어진다. 우리는 쉬운 길보다 바른길을 가야 한다. 운동을 하며 소비하는 에너지보다 음식 섭취를 조금씩 줄여나가는 것이 최고의 방법이다. 잘못된 방법에 현혹되지 않기 위해서 자신만의 방법으로 건강 그래프를 만들어보는 것도 좋다. 몸무게를 매일같이 기록하는 습관을 기르는 것만으로도 우리 신체와 마음은 끊임없이 관리하고 있다는 기분을 느끼며, 건강한 적정 체중을 향해 보다 의욕적으로 다가갈 수 있게 된다.

　나도 지방과 탄수화물 섭취를 극도로 제한한 식단을 실행한적이 있다. 한때 유행했던 당근과 토마토, 양배추와 닭가슴살에약간의 소금과 후추로만 간을 한, 일명 마녀 수프 다이어트를 해보기도 했다. 방송에 하도 많이 소개되기에 호기심 반 필요함 반으로 시작한 다이어트였는데, 그때의 체중 감량은 몸에 필요한근육 손실과 수분 부족을 가져왔을 뿐이었다.

　다이어트를 결심한 사람들이나 건강에 대한 정보가 필요한이들은 방송과 인터넷 카페, 블로그, 그리고 SNS를 통해 많은정보를 접하게 된다. 나 역시 건강을 테마로 하는 카페에 가입했고, 운동 정보를 알려주는 SNS를 팔로잉하고 있다. 물론 유용한정보를 제공받고 있지만, 그중에는 광고성 글과 제품 홍보의 향기를 진하게 풍기는 내용도 적지 않다. 그러므로 운동할 시간이

없다는 이유로 운동을 미루는 현대인들을 유혹하는 속성 다이어트 방법들에 대해 잘 생각해봐야 한다.

　다양한 매체에서 새로운 다이어트 방법들을 쏟아내면서 체중 관리에 지속적인 시간을 투자하기 어려운 현대인들을 홀리고 있다. 하지만 이러한 방법 중에는 극단적인 것이 많아 건강을 해칠 우려가 높다. 몸만 상하게 하고 효과는 미미한 방법들도 있다. 최근에 강남의 유명 병원들이 조작된 후기와 광고로 인해 무더기로 적발되어 여론의 뭇매를 맞은 사건도 있지 않았는가? 우리가 접하는 모든 정보가 그 효과가 확실하게 입증되었거나 옳은 것이 아닐 수도 있다. 그러나 우리는 그 정보의 진위 여부를 판단하지 않고 받아들이는 경우가 많다. 조작된 허위 사실인지도 모른 채 이를 또 다른 누군가에게 소개하고 전달하고 있는 것이 우리의 현실이다. 그러므로 차고 넘치는 정보 중 옥석을 가리는 노력이 수반되어야 한다.

　당신이 알고 있는 건강한 다이어트에 대한 상식은 과연 진실인가에 대해 한 번쯤 생각해볼 시기다. 현혹되기 시작하면 거기에서 벗어날 수 없다. 알아야 현혹되지 않는다. 우후죽순으로 생겨나는 새로운 다이어트 방법들에 대해 다시 한번 생각해보자. 다이어트가 정말 그들의 말처럼 효과가 있다면 딱 한 번 시도하는 것으로 모두가 효과를 봐야 하지 않을까?

한 가지 음식만을 선택해서 섭취하는 원 푸드 다이어트는 그 대상을 바꿔가며 계속 유행하고 있다. 하지만 이 같은 다이어트 법은 특정 음식의 성분에 의해 체중 감량 효과가 나타난다기보다 음식 섭취량이 줄어들면서 얻게 되는 일시적 효과일 뿐이다. 1일 1식도 많은 주목을 받았던 다이어트 비법 중 하나다. 위장을 편하게 해주고, 머리가 맑아지며, 다이어트도 할 수 있다는 홍보로 많은 사람이 선호했다. 하루에 1끼만 포만감을 느낄 때까지 먹고 나머지 시간에는 공복을 유지하는 것이다. 하지만 이러한 극단적인 절제법은 뇌에 부담을 주면서 오히려 식욕을 자극해 폭식을 유발하기도 하고, 살이 찌기 쉬운 체질이 되게 한다. 반복된 요요보다 비만인 지금이 나을 수도 있다.

한 예능 프로그램에서 모 작곡가가 고기를 폭식하는 모습을 보고 지인인 다른 연예인이 왜 다이어트를 하지 않느냐고 물었다. 그러자 작곡가는 다이어트 때문에 이렇게 되었다고 대답했다. 10킬로그램을 힘들게 빼고 나면 요요로 20킬로그램이 다시 찌고, 이 과정을 반복하다보니 지금처럼 거구가 되었다면서, 이제 절대로 다이어트를 하지 않겠다고 선언했다. 이처럼 대부분의 다이어트 방법이 식사 제한을 전제로 한다. 우리 몸은 음식 섭취량이 줄어들 경우 비상 상황으로 인식하고 평소보다 많은 양을 지방으로 축적한다. 몸이 기아 상태에 놓여 있는 것으로 착각하기 때문이다. 그 결과 섭취한 음식물 처리 속도를 늦추게 되는데, 이는 대사율을 낮게 고정하는 역할을 한다. 낮게 고정된 대사율은 다이어트 기간이 끝나고 다시 음식을 평소대로 먹을 때도 높아지지 않고 그대로 유지된다. 결국 낮아진 대사율로 인해 몸무게 증가라는 결과를 낳는다. 이것이 요요 현상이 생기는 원리다.

무리한 다이어트는 신체에 필요한 필수 비타민이나 미네랄 부족을 야기한다. 게다가 체중 감량을 하면서 운동을 병행하지 않으면 체지방뿐만 아니라 근육도 함께 빠지게 된다. 즉 몸무게가 감소하더라도 체성분은 여전히 체지방이 많은 마른 비만으로 나오게 되는 것이다. 따라서 체중 감량 시 체지방 축적은 줄이고 근육량은 유지될 수 있도록 식사와 운동의 조화를 이뤄야 한다. 이러한 스트레스가 음식에 대한 무조건적인 거부로 이어지며, 거식증을 유발하는 경우도 있다.

건강한 몸 관리를 위하여 체중 감량의 필요성을 느끼고 있다면, 단기간에 승부를 내려는 마음부터 비우는 자세가 필요하다. 그래야 조급하지 않고 흘러넘치는 다이어트 정보를 걸러서 보는 눈을 가질 수 있다.

　여러 다이어트에 현혹될 것이 아니라 체지방이 더 이상 과하게 축적되지 않도록 운동을 하고, 운동 시 체지방이 에너지원으로 사용될 수 있도록 탄수화물과 지방의 과한 섭취를 줄이며 조절해야 한다. 이럴 때 음식을 너무 제한하면 섭취한 단백질을 에너지원으로 끌어서 사용하므로 근육량을 늘리는 데에는 비효율적인 구조가 된다. 따라서 영양적인 밸런스를 유지하도록 최소한의 양은 섭취해야 한다. 그리고 근육량 증가를 위해서는 운동을 꼭 해야 한다. 움직이지 않고 근육이 그냥 생길 리 만무하기 때문이다. 근육운동 시 그에 따른 영양분 섭취에 신경 쓰며 유산소운동을 병행해 체지방을 감량하자. 여성들이여 몸 관리, 다이어트에는 왕도가 없음을 명심하자. 쉽게 가고자 하면 쉽게 망가지는 법이다.

매일 작업하지 않고 피아노나 노래를 배울 수 있습니까.
어쩌다 한 번으로 얻을 수 있는 것은 결코 없습니다.

레프 톨스토이

포기는
운명이 아니라
선택의 문제다

'운동해야지'라고 마음을 먹으면 머피의 법칙처럼 꼭 어딘가 아프기 시작한다. "무릎이 아파서 못 할 것 같다", "요즘 허리가 안 좋은데 운동을 하면 무리가 될 것 같다", "살이 너무 쪄서 움직이는 게 힘드니 다이어트를 조금 하고 가야 좋을 것 같다"라는 핑계로 자기 합리화를 시작한다. 운동을 하려고 결심하면 아픈 경우가 아니라도 갑자기 없던 약속이 생기고 모임들이 잡힌다. 약속과 회식에 참석하다보면 어차피 이렇게 된 거 "다음 주부터 해야지" 혹은 "다음 달부터 해야지"라며 운동을 미룬다. 또는 안 그래도 피곤한데 운동할 시간에 부족한 잠을 보충하거나 밀린 업무를 처리하는 것이 더 효율적일 것 같다는 생각이 스멀

스멀 밀려든다. 운동의 필요성은 알지만 실천하지 않는 현대인의 자화상이다.

이런저런 이유로 센터에 연간 회원으로 등록해놓고도 나가는 횟수는 고작 한 달 남짓이라고 친구들이나 지인들은 입을 모아 이야기한다. '운동해야지' 결심만 하고 미루는 패턴이 반복되면 평생 운동을 시작하지 못한다. 물론 그 마음을 이해 못 하는 것은 아니다. 헬스장으로 가는 길, 집에서 한 걸음 한 걸음 멀어질 때마다 주저하게 되는 그 심정을 왜 모르랴. 나 역시 처음에는 그 무거운 바벨을 왜 들어야 하는지, 지루함을 극복하고 운동을 하면 뭐가 좋아지는지 알지 못했다. 그래서 요리 빼고 조리 빼며 운동을 시작하기가 어려웠다.

하지만 운동을 해야 하나 말아야 하나 고민하는 이 순간에도 속절없이 시간은 간다. 30대가 되면서부터는 나이를 더 이상 먹고 싶지 않아도 꾸준히 먹을 수밖에 없다. 여기에 운동을 시작하려면 큰마음까지 먹어야 한다는 사실이 슬프다. 안 그래도 이것저것 많이 먹어 문제가 되는데, 이러다 정말 소화불량까지 생기지 않을까 걱정도 된다.

통계에 따르면 운동을 전혀 하지 않거나 거의 하지 않는 젊은 세대, 특히 여성의 비율이 72.9퍼센트에 육박한다. 실로 높은 수

몸이 답이다

치다. 운동의 필요성은 느끼면서 하지 않는 이유에 대한 응답도 눈길을 끈다. 운동을 하지 않는 여러 가지 이유 중 시간 부족이 1위를 차지했다. 그리고 운동에 대한 관심 부족, 건강상의 문제가 그 뒤를 이었다. 운동에 소질이 없어서, 땀 흘리는 게 싫어서, 운동하기 싫어서, 라는 기타 의견들도 흥미로웠다. 연령대별로는 50대 이상의 중장년층에서는 운동을 하지 않는 가장 큰 이유로 건강상의 문제를 꼽았고, 30대 이하의 젊은 세대에서는 시간 부족이 가장 높은 비율을 차지했다. 가장 건강한 시기에 시간이 없다는 이유로 자신의 몸을 돌보지 않는 모순이 안타깝다.

건강은 건강할 때 지켜야 한다. 운동을 미루면 미룰수록 몸이 망가진다는 사실을 빨리 자각하자. 몸이 망가져서 운동을 미루게 되는 것이 아니다. 운동을 미루기에 몸이 망가지는 것이다. 운동할 시도조차 하지 않거나, 열심히 해보지도 않고 효과가 없다고 하거나, 지루하고 재미없어 못 하겠다는 식의 핑계는 그만 대기로 하자. 운동은 남을 위해 하는 게 아니다. 자신을 위해 하는 것이다. 근육이 운동의 기억을 공유하고 간직할 수 있도록 반복해서 노력하자. 반복만이 답이다. 근육이 기억하게끔 각인시켜 몸에 하나하나 새겨야 한다.

또한 건강해지고 싶다면, 다이어트를 하려 한다면 기존의 습관과 습성을 버려야 한다. 내 마음이 먼저 변해야 몸이 변한다. 운동이 가져다줄 신선한 자극과 놀라운 변화를 경험하고 싶다면 나약한 마음을 버려야 한다. 기존의 습관을 유지한 채 변화될 거란 기대는 버려라. 운동을 누구보다 좋아하고 건강을 생각하지만 나 역시 사람인지라 적당히 타협하고 쉬고 싶은 순간이 온다. 그때 나는 바비 로버트Bobby Robert의 "포기는 운명이 아니라 선택이다"라는 말을 떠올리며 마음을 다잡는다.

바비 로버트는 장애를 극복한 보디빌더로 유명한 사람이다. 그는 왼쪽 다리를 잃고 보조기에 의존하면서도 누구보다 빛나는 몸을 만들어냈다. 바비는 왼쪽 다리에 자리 잡은 종양으로 인해 한쪽 다리를 잃게 된다. 다들 보디빌더로서의 생활이 끝났다고 했지만, 그는 포기하지 않았다. 바비는 운동에 더욱 매진했고, 지금 그는 보디빌더로 자신이 원했던 삶을 살고 있다. 그렇다. 포기는 선택이지 운명이 아니다.

최근 "몸이 리셋되니 인생도 함께 리셋된 것 같다"는 모델 장윤주 씨의 인터뷰 기사를 보면서 끊임없이 자신의 몸을 사랑하는 사람의 에너지를 느꼈다. 출산 후에도 전성기 때의 몸매를 유지하고 있는 그녀는 "몸을 다스리는 것을 평생 목표로 삼았다"고 했다. 흔히 타고난 몸매를 가진 모델로 알고 있지만 신은 절대 완벽한 몸을 주지 않기에 몸을 다스리는 삶을 택했다는 그녀는 말이 아닌 행동으로 그것을 증명하고 있다. 아이를 낳고 나서 필라테스와 유산소운동, 그리고 뼈 교정을 위한 운동과 EMS 운동을 병행하면서 하루에 한 시간씩 6개월 이상 지속했다고 한다. 그녀는 그런 꾸준한 노력과 자기 자신을 포기하지 않는 의지 덕분에 예전보다 더 건강한 몸을 만들었고, 그로 인해 보람과 희열을 느낀다고 했다.

당신은 어떤 삶을 선택할 것인가? 시간이 없다는 이유로 계속 건강을 관리할 시간을 놓칠 것인가? 운동이 힘들고 지루하다는 핑계로 포기할 것인가? 우리는 싫든 좋든 기대 수명의 연장으로 100세 시대를 살고 있다. '유병장수有病長壽'라는 말처럼 여기저기 아프고, 허리도 제대로 못 펴는 모습으로 100세까지 사는 것이 무슨 의미가 있는가? 기대 수명보다 건강 수명에 초점을 맞춰서 생각하자. 나는 60세가 되어도 하이힐에 잘 갖춰진 정장을 입고 강단에 서고 싶다. 수상스키도 계속 타고 싶고, 트레일 러닝을 하면서 자연과 하나가 되는 일상도 놓치고 싶지 않다. 다양한 경험을 통해 삶과 앎을 이어가며 글쓰는 작업도 하고 싶다. 허리가 아파서 혹은 무릎 통증 때문에 내가 좋아하는 것들을 포기하고 싶지도, 삶을 버리고 싶지도 않다. 나는 하고 싶은 일을 하며 건강하고 행복한 삶을 살기 위해 운동을 선택했고, 열심히 하고 있다.

많은 사람이 운동의 필요성을 모를 리 없다. 알면서도 운동을 포기한다. 다시 말하지만 운동을 포기하는 것이 우리의 운명은 아니다. 해결책은 운동을 그냥 시작하는 것뿐이다. 지금의 선택으로 앞으로의 삶이 바뀔 수 있다. 더 이상 미루지 말고 당장 실행에 옮기자. 어깨도 아프고 허리도 아파서 운동하기가 겁난다? 운동을 안 해서 아픈 거다. 몸에 맞는 운동을 선택해서 시도하면 좋아질 거라고 확신한다.

"한 해 한 해 달라질 거야. 체력도 급격히 떨어지고 신체 변화도 우울할 정도로 빨라지지. 그러니까 지금부터 잘 관리해"라며 충고해주는 선배들의 말씀을 마음에 새기고 몸으로 실천하자. 무리가 되지 않는 선에서 운동을 시작하자. 여성들이여, 운동은 입과 머리와 마음이 아니라 몸으로 하는 것이다. 같은 실수를 반복하면서 다른 결과를 기대하지 말자.

몸이 답이다

2장

바로잡기

몸을 바로잡아야 내가 바로 선다

YOU
CHANGE
WHEN
YOUR BODY
CHANGES!

필요한 것이기 때문에 최대한 편하게 만들려고 노력하지만,
그래도 가급적 의자를 멀리하는 게 몸에 좋다.

김상규

호모체어쿠스의 삶에서
벗어나자

하루의 대부분을 의자와 혼연일체가 되어 생활하는 우리에게 '허리 건강의 적신호'는 결코 먼 이야기도, 남의 이야기도 아니다. 나 역시 장거리 운전을 많이 하거나 움직임 없이 앉아 있는 시간이 길어지는 경우 허리에 상당한 불편함을 느낀다. 이처럼 허리 건강은 우리의 생활과 상당히 맞닿아 있다. '컨디션 트레이닝'을 주제로 강연 요청이 들어오는 경우가 많은데, 그곳에 가면 현장의 소리를 들을 수 있다.

지난 6월에는 ○○기업에서 '여성 생애 설계 워크숍'을 진행했었다. 세 차례에 걸쳐 진행된 강의에서 몸과 마음의 균형과 여성들의 행복한 삶에 대한 것을 주제로 이야기를 나눴는데, 첫 번째

강의를 마치고 나니 생각보다 많은 여성이 허리 통증으로 고생하고 있다며 그것을 보완해줄 수 있는 운동법에 대해 물어왔다. 허리 보호대와 지지대를 착용하고 업무를 본다는 사람도 적지 않았다. 그뿐만 아니라 몸 이곳저곳의 통증에 관한 것부터 출산 후 약해진 체력에 대한 고민, 다이어트 정보에 관한 질문을 많이 받았다. 그러나 짧은 시간이 야속하기만 했다. 못다 한 이야기를 전해주기 위해 연락처를 교환하고 집으로 오는 길에 나는 생각에 잠겼다.

사실 나는 강의에서 건강의 중요성을 깨닫게 된 경험과 건강을 잃고 나서의 생활의 변화, 그리고 계속 아픈 몸으로 살기 싫어 고군분투하며 회복을 위해 노력한 이야기를 전한다. 그리고 그 과정을 통해 더 건강한 삶을 살게 된 스토리 중심의 강의를 한다.

운동에 대한 지식과 정보를 전달하지 않음에도 불구하고 건강관리에 대해 많은 질문을 받는다. 이것이 과학적으로나 학문적으로 엄청난 가치가 있는 것은 아니지만, 많은 여성이 공감하고 응원을 보내준다고 생각한다. 그때 알았다. 그녀들에게 필요한 것은 검색해서 찾을 수 있는 건강에 대한 정보가 아니라, 당신도 충분히 변할 수 있고 더 건강해질 수 있으며 행복해질 수 있다고 힘을 실어주는 일이라는 사실을 말이다. 몸으로 겪으며 깨우친 것은 타인에게 스며들어 삶을 보다 긍정적으로 변화시킬 계기를 마련할 수 있다는 생각에, 말에 더 책임이 실리고 행동에 더욱 진실함을 담게 되었다.

　모든 기능의 전제가 되는 허리 건강에 대한 이야기를 조금 더 이어가보자. 무엇보다도 허리가 혹사당하고 있는데, 그것을 인지하지 못하는 상황을 빨리 깨달아야 한다. 자세만 바르게 잡아도, 지금 내가 어떤 상태인지를 인지하는 것만으로도 문제의 심각성을 알게 되고, 신체 곳곳에서 일어나는 불균형과 그로 인한 통증 및 불편함을 막을 수 있다. 우리의 신체는 도미노와 같다. 어느 한 부분의 기능에 문제가 생기면 연쇄적으로 영향을 받아 앉고 일어나고 서고 걷는 일상의 모든 동작을 바르게 할 수 없다. 원하는 바를 온전하게 수행하지 못하는 몸은 몸뚱어리로 전락하고 만다. 하루에 앉아있는 시간이 얼마나 되는지 생각해보자.

　지금 이 글을 읽고 있는 당신도, 이 글을 쓰고 있는 나도 의자에 앉아 불편한 자세를 이리저리 바꿔가며 열중하고 있다. 대부분의 현대인들은 하루 종일 어딘가에 앉아 무언가를 마주하고 있다. 잠자는 시간을 제외하면 이동 시에도, 업무를 보거나 식사를 하거나 대화를 나눌 때에도 앉아 있는 상태에서 모든 일이 이

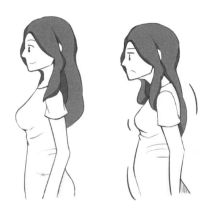

〈허리 바로 세우기〉

루어진다. 즉 우리는 일상의 대부분을 앉아서 보낸다. 어떤 자세를 취하고 있느냐에 따라 허리가 받는 하중이 달라지는데, 앉아 있을 때 가장 큰 스트레스와 위협을 받게 된다.

똑바로 누워 있을 때 허리가 받는 하중은 25킬로그램 정도인데 비해 서 있을 때는 100킬로그램, 앉아 있을 때는 140킬로그램의 하중이 걸리게 된다. 삶의 무게를 지고 있는 것만으로도 힘이 드는데, 거기에 140킬로그램이라는 엄청난 하중을 덤으로 안고 사는 척추는 지금 이 순간에도 고통을 호소하고 있다. 인간에게 허리는 모든 기능의 전제가 되는 부분이다. "허리가 바로 서야 내 몸이 산다"는 이토 카즈마伊藤和磨의 말과는 반대로 지금의 생활 패턴 자체는 허리 건강을 위협하고 몸을 상하게 하고 있다.

나는 '상자 쌓기'라는 표현을 쓰는데, 중력의 중심축에서 반듯하게 상자가 쌓여 있는 경우는 약간의 충격도 잘 흡수되지만, 의자에 앉아 있는 시간이 길어지면 그만큼 골반 앞으로 지나가며 허리뼈를 지탱하는 장요근이 짧아진다. 그래서 골반과 허리 통증을 유발하고, 나중에는 양반다리를 하기조차 힘들 정도로 수축이 일어나게 된다. 코어근육의 가장 큰 축을 담당하는 장요근이 짧아질 경우, 허리와 골반을 관장하는 작고 섬세한 근육들의 밸런스까지 모두 망가져 상자 쌓기가 무너지고 몸의 균형을 잃게 된다.

그러므로 틈틈이 적절한 스트레칭으로 근육을 이완시켜주는 것이 중요하다. 더불어 일자 목, 거북목, 목 디스크 역시 잘못된 자세에서 기인하는 대표적인 질환이다. 우리의 몸은 습관의 결과물이기 때문이다. 어느 한 부분이 틀어지면 도미노처럼 우리의 몸이 무너지게 된다는 것을 명심하자.

물론 허리를 효과적으로 받쳐준다는 인체공학적인 의자들이 이런 통증과 불편함을 감소시켜주기는 한다. 그러나 현역 의자 디자이너인 김상규 서울과학기술대학교 공업디자인학과 교수

〈호모체어쿠스〉

는 "좋은 의자는 없다"고 단언하면서, "필요한 것이기 때문에 최대한 편하게 만들려고 노력하지만, 그래도 가급적 의자를 멀리하는 게 몸에 좋다"고 말했다. 오늘날 우리는 의자와는 떨어질 수 없는 생활을 영위하고 있다. 오죽하면 '호모체어쿠스'라는 말이 등장했겠는가. 이는 의자 광고에 등장했던 말로, 24시간 의자에 앉아서 생활하는 현대인들의 일상을 빗대어 나온 표현이다. '호모체어쿠스'는 누워 있는 시간을 제외한 대부분의 시간 동안 앉아서 이동하고 업무를 보는, 이른바 '의자형 인간'을 의미한다. 지금 우리의 모습이다. 최근 광고에 등장한 호모체어쿠스는 단순히 웃어넘기기에는 여러 가지 생각을 하게 만든다.

한두 시간의 강의를 통해 한순간에 자신이 지닌 습관이 바뀌진 않는다. 그 짧은 시간에 개별적으로 지닌 스트레스와 신체적 통증도 해결될 수 없다. 누군가의 이야기를 통해 힘을 받을지언정 결국 건강관리는 스스로 해야 한다. 몸을 변화시키는 주체는 바로 당신 자신이기 때문이다. 감사하게도 강의를 할 때마다 청중은 하루 종일 앉아서 생활하는 자신들의 모습을 영상으로 확인하면서 자기들이 호모체어쿠스 그 자체라며 많이 공감해준다. 호모체어쿠스의 삶을 오래 지속하면서 생길 수 있는 문제점에 대한 이야기도 깊이 와닿았고, 운동으로 변화될 수 있으리라는 동기부여가 된 자리라고 말이다.

내가 행하고 있는 작은 실천과 운동을 통해 변화된 삶에 대해 나눔으로써 누군가에게 '할 수 있다', '해봐야겠다'는 마음의 변화를 일으키는 이 순간, 대단한 강의는 아니지만 경험을 통해 새로운 사실을 풀어내는 이야기 속에 자신의 삶을 투영해보며 건강의 중요성과 관리의 필요성을 인지하는 것만으로도 너무나 행복하고 감사하다.

여성들이여, 당신의 몸은 당신이 어떻게 살고 있는지를 고스란히 보여주는 거울이다. 이 글을 읽는 지금 이 순간도 의자와 한 몸이 되어 있다면, 잠시 책장을 덮어도 좋다. 이 순간만큼은 호모체어쿠스의 삶에서 벗어날 수 있도록 당장 일어나 건강을 바로 세우자. 척추는 인간 신체의 기둥이다. 척추가 바로 서야 삶이 바로 선다.

오랜 직장 생활의 후유증이라고 한다
상사가 주는 상사병을 이겨내고
야근수당 대신 보람만 챙긴 결과라고 한다
열정페이로 오래 견딘 합병증이라고 한다
주말도 반납하고 단체등산에 해병대캠프를 다니며
상명하복을 따른 이유라고[6] 한다
그래도 어느 날 의자가 사라질까 두려워
스스로 의자가 되었다고 한다

(중략)

그는 오피스 우울증에 시달리면서,
퇴사우울증에 시달리면서 네 다리로 진화한다

꼬리뼈에 숨어 살던 퇴화된 본능이 의자로 진화한다

40만 공시족의 나라에서 수행되는 거대 진화프로젝트

속수무책 사회로 진입한 후

끊임없이 의자수행 중인

오래된 인류,

새로운 인류…

그들은 네 다리를 가진 순한 개보다 더

주인을 잘 따른다고 한다

— 김화순, 〈호모체어쿠스〉

모든 사람은 자신의 몸이라는 신전을 짓는 건축가이다.

헨리 데이비드 소로

하비 탈출,
꿈만 꾸지 말고
움직여라

A: 코치님, 허벅지 가늘어지는 운동 좀 알려주세요.

B: 그냥 운동 열심히 하고 식이 조절해서 전체적으로 근육량을 늘리고 살을 빼세요.

허벅지만, 옆구리만, 팔뚝만 살을 뺄 수 있는 방법은 없다는 말을 덧붙이며 그냥 열심히 운동하라는 코치의 말에 "그 말이 정답이네요" 하며 웃었다. 중간에 사고로 인한 공백기가 있기는 했지만, 몇 년간 꾸준히 운동을 한 덕분에 나는 지금 근육질의 탄탄한 몸을 유지하고 있다. 하지만 운동을 시작하기 전에는 허벅지가 몸에 비해 굵은 편이라 제법 스트레스를 받았었다.

하비('하체 비만'의 줄임말)족이던 당시에 스키니 진을 입고 외출한 날은 꽉 조이는 옷 때문에 혈액순환이 안 되고 속이 계속 더부룩해 뭘 먹기도 겁이 났다. 허벅지 안쪽에 자리 잡은 살 때문에 걸을 때마다 쓸리는 느낌도 싫었다. 바지를 입으면 허벅지 안쪽 부분만 유독 더 닳아 보였던 건 기분 탓일까? 꽉 끼는 옷 때문에 하루 종일 답답함에 시달린다. 더불어 몸이 저린 기분이 들며 신경도 예민해진다.

일과를 마치고 집에 도착하자마자 하는 일은 몸을 옥죄고 있는 바지로부터 벗어나는 일이다. 스키니 진을 벗고 헐렁한 바지로 갈아입으면 그제야 자유를 맛보는 느낌이다. 끄윽 트림이 나오고 속이 뻥 뚫린다. 한순간 피가 좍 통하는 듯하다. 바지를 벗으면 언제나 내 양쪽 허벅지부터 발목에 이르기까지 바지 스티치 자국이 붉고 선명하게 존재감을 드러낸다. 몸에 새겨진 바지 자국을 보고 있노라면 한숨이 절로 나오곤 했다.

몸에 비해 두꺼운 허벅지에 납작한 엉덩이를 보유하고 있던 나는 옷을 선택할 때에도 제약을 받았다. 허벅지에 맞추면 엉덩이가 너무 빈약해 보이고, 엉덩이에 맞추면 허벅지가 터질 것 같았다. 생각해보면 입시 준비를 하느라 앉아 있는 시간이 길었던 고등학생 때가 하비의 시발점이었다. 자의건 타의건 장시간 앉아 있게 되면서 움직임이 적은 하체에 지방세포가 축적된 것이다. 움직임이 적은 부위에는 혈관이 잘 발달되지 못한다. 지방은 혈관이 잘 발달하지 못한 옆구리나 엉덩이와 같이 움직임이 적은 하체에 집중적으로 몰린다. 그래서인지 하체 비만은 남성에 비해 운동량이 적은 여성에게 주로 나타난다.

게다가 여성은 호르몬의 영향으로 남성에 비해 하체에 살이 더 잘 찌는데, 하체는 가장 먼저 살이 찌고 가장 늦게 빠지는 부위이기 때문에 꾸준한 관리가 필요하다. 특히 하이힐을 자주 신는 여성의 경우 혈액순환이 잘 되지 않아 부종이 생기기 쉽고, 부종을 제대로 풀어주지 않으면 점점 쌓여서 군살로 남게 되며 쉽게 빠지지도 않는다. 이래저래 나는 하체 비만의 모든 악조건을 갖춘 셈이다.

친한 후배는 다리가 1밀리미터라도 얇아 보이고 싶다면서 압박 스타킹을 신는다. 심지어 잠을 잘 때도 스타킹을 신고 잔다고 한다. 답답하다 못해 피가 통하지 않아서 간질간질한 느낌이 종일 옥죄어오지만 포기할 수 없다고 한다. 왜 우리는 극세사 다리라고 불리는 연예인들처럼 얇디얇은 다리를 꿈꾸며 몸을 학대하고 조여 매어야 할까. 압박 스타킹을 착용하고, 다리가 날씬해진다는 주사를 맞고, 고통을 기꺼이 감수하면서 왜 보다 완벽하고 안전한 방법인 운동은 하지 않는 것일까.

　나는 건강하고 균형 잡힌 몸을 만들고 싶어서 피나는 노력을 했다. 당시에 유산소운동과 스쿼트, 런지 등 하체를 단련하는 근육운동을 병행했다. 유산소운동은 옆 사람과 이야기하기에 부담 없는 정도의 강도면 적당하다. 체지방 분해에 효과적이기에 최소 40분 이상을 권장한다. 나는 센터에서 TV를 보며 기구 위에서 걷는 것보다 밖에서 맑은 공기를 쐬거나 자연과 가까이하며 운동하기를 즐겼다. 러닝머신 위에서의 30분은 참 길게 느껴진다. 하지만 외부에서 유산소운동을 하다보면 운동이 지루한 노동勞動이 되기보다 감동感動으로 다가온다. 그래서 나는 빠르게 걷기와 러닝, 등산을 주로 했다. 허벅지 두께로 고민하거나 원래 근육이 잘 발달된 경우, 근육운동만 하면 허벅지 둘레가 더 두꺼워질 수도 있다. 그렇기 때문에 유산소운동을 주 4회 정도 지속하면서 체지방 분해와 병행하며 근육운동을 하는 방법으로 관리했다.

　처음에는 허벅지가 더 두꺼워질까봐 근육 단련 운동을 주저했지만, 트레이너를 믿고 운동에 임했다. 하비족 탈출을 위한 근육운동으로는 스쿼트만큼 좋은 것이 없다고 생각한다. 여성들의 워너비라고 하는 꿀벅지를 가진 사람들을 보면 무조건 얇은 허벅지가 아닌 탄탄하고 건강미가 넘치는 경우가 많다. 나는 바람 불면 훅 날아갈 것 같은 다리보다 근육이 잘 발달한 다리를 만들고 싶었다. 거기에 콤플렉스였던 빈약한 엉덩이까지 보완할 수 있는 운동이 필요했다. 처음 운동을 시작할 때는 맨몸으로 스쿼트 자세를 취하는 것조차 균형을 잡지 못해 힘들어했다. 그러다가 어느 순간 빈 바를 이용해 무리 없이 할 수 있었고, 점점 중량을 늘려가며 바 무게를 포함해 40킬로그램 이상도 할 수 있게 되었다. 전문 선수가 되기 위해 운동하는 것이 아니기에 이 정도 무게에도 충분히 운동 효과를 볼 수 있다. 꾸준히 움직인 결과 하비족에서 탈출했고, 몸과 비율이 맞는 다리 라인을 가지게 되었다.

하체 운동은 다른 부위의 운동보다 힘들지만 가장 보람 있다. 운동을 하다보면 숨이 턱까지 차오르고 구토가 나올 것 같은 기분에 화장실로 달려간 적도 있지만, 점점 변해가는 몸을 보며 마음을 다잡았다. 스쿼트를 하면서 허벅지 단련과 더불어 힙 업의 효과도 볼 수 있었다. 스쿼트는 인생과도 같다. 어떤 무게가 당신을 짓누르려고 할 때, 그때가 당신이 일어서야 할 타이밍이다. 운동을 열심히 하다보면 근육이 성장할 뿐만 아니라 인생에서도 살아갈 힘을 얻을 때가 있다. 이처럼 운동은 인생과 닮았다.

운동에서도 승리하고 인생에서도 주인이 되자.

건강한 몸 관리, 몸매 관리를 위해서는 운동과 함께 식습관 개선이 필수다. 어지간해서는 인스턴트와 밀가루 음식을 피하고, 저염식으로 먹으려고 노력했다. 저염식을 선호한 이유는 체내 나트륨이 수분을 끌어당겨 몸을 붓게 만드는 성질이 있기 때문이다. 맵고 짠 음식을 선호하는 입맛을 가진 한국인의 특성상 나트륨을 많이 섭취할 수밖에 없는 구조다. 부종이 생기면 부기가 오래 지속된다. 한참 관리를 할 때는 국이나 찌개류 섭취를 줄이고 좋아하는 라면을 끊기도 했다. 특히 저녁 식사에 신경을 썼다. 저녁이 되면 활동량이 적어지고 신진대사율도 낮아지기 때문에 닭가슴살과 샐러드를 드레싱 없이 먹었다. 거기에 바나나 하나 정도를 곁들이기도 했다. 저칼로리 식단을 꾸준히 실천하면서 체계적으로 엉덩이와 허벅지 살을 빼는 운동까지 병행해야 하체 비만 탈출에 성공할 가능성이 높다.

더불어 집에 오면 누운 채 다리를 벽에 높게 기대는 자세로 다리에 부기가 쌓이지 않도록 관리했다. 스트레칭도 수시로 하면서 수축되고 긴장된 다리를 풀어주었다. 지금은 폼롤러를 이용해서 골반과 다리, 종아리에 이르기까지 뭉친 근육들을 풀고 있다. 거기에 식습관까지 바꾸는 노력을 통해 하비에서 탈출할 수 있었다. 덕분에 지금은 건강하고 탄력 있는 허벅지를 잘 유지하고 있다. 물론 바쁜 시간에 이런 관리를 어떻게 하느냐고 반문하는 사람들도 있을 것이다. "진정한 여자는 태어나는 것이 아니라 만들어진다"는 건강 관련 명언처럼 그냥 얻는 것은 아무것도 없다.

허벅지 살이 안 빠진다고 징징거리지를 말든가, 아니면 움직이든가 둘 중 하나는 해야 한다. 나는 징징대고 후회하고 속상해하기보다 운동하는 쪽을 선택했을 뿐이다. 선택은 자신의 몫이고, 선택에 대한 결과와 책임도 본인이 지면 그뿐이다. 이 방법을 이미 알고 있는 사람들도 많을 것이다. 별다른 방법도, 기발한 묘수도 아닌 내용에 실망한 사람이 있다면, 이렇게 말하고 싶다. "방법을 아는데 안 하는 것은 몰라서 못 하는 것보다 비교할 수 없을 만큼 몸에 죄를 짓는 일이다." 여성들이여, 자신이 얼마나 더 매력적일 수 있는지 궁금하지 않은가? 그렇다면 바라지만 말고 실천하라. 아는 것과 실천하는 것 사이에는 무수한 차이가 존재한다.

차가운 몸이 만병을 키운다.

가와시마 아키라

몸 건강의 비밀,
체온은 알고 있다

이번 겨울은 유독 춥고 스산하다. 삼한사온三寒四溫은 옛말이 되었다. 일주일 내내 영하 10도를 밑도는 한파가 지속된다. 한껏 웅크려서인지 뒷목이 당긴다. 추위를 많이 타는 탓에 겨울이면 온수매트와 한 몸이 된다. 온수매트를 사용하기 전에는 돌침대에서 잤다. 딱딱해서 등이 배기지만 추운 것보다 나았다. 그래서 고등학생 때부터 돌침대를 애정했다. 친구들은 돌침대에서 어떻게 자느냐며 할머니 같다고 놀렸지만, 그만큼 추위가 싫었다. 손발은 언제나 얼음장이었다. 집에서도 수면양말을 두 개씩 신고 있었다. 어린 나이에 혈액순환의 문제도 아니었을 텐데, 언제나 수족냉증에 시달렸다.

성인이 되어서도 겨울이면 이불을 벗어나기가 싫었다. 하지만 마냥 침대와 한 몸으로 있을 수는 없는 노릇이라, 밖에 나갈 때면 기본적으로 5겹의 옷을 껴입는다. 얇은 옷을 켜켜이 입고 두꺼운 외투를 걸친다. 그것으로도 부족해 마스크와 목도리로 추위와 맞설 준비를 한다. 움직임이 둔해진다. 안 그래도 무거운 어깨가 껴입은 옷에 더 짓눌린다. 추위에 잔뜩 껴입은 옷 때문인지, 삶의 무게 때문인지 갈수록 겨울의 무게감은 나를 질식시켰다.

스타킹을 신고 정장을 입어야 하는 날은 단단히 대비를 해야 한다. 발이 시린 느낌이 하루 종일 가시지 않는다. 냉기가 발끝을 타고 올라와 온몸을 감돈다. 하루 종일 덜덜 떨어야 한다. 몸을 따뜻하게 해준다는 한약도 먹고, 매일 족욕을 해도 온기가 오래 가지 않았다. 어머니가 아침저녁으로 정성껏 끓인 생강 대추차를 보온병에 담아 늘 들고 다니며 마셨지만 소용이 없었다. 악수를 할 때도 너무 차가워 상대방이 놀랄까봐 미리 "제가 손이 조금 차요, 놀라지 마세요"라고 말한 다음 손을 내밀 정도였다.

저체온은 개인적인 불편함을 넘어 건강에도 악영향을 끼쳤다. 어느 순간부터 생리불순이 잦아졌다. 병원에 가도 이상소견은 없었다. 한의사인 사촌을 찾아가서 진료를 받아봐도 몸이 찬 편이니 따뜻하게 해주고 찜질이나 반신욕으로 체온을 올려주는 것이 도움이 된다는 이야기를 들을 뿐이다. 그때부터 나는 더욱 체온에 신경 쓰게 되었다. 덕분에 지금까지도 체온을 위해 좋은 습관을 잘 유지하고 있다. 차가운 물 대신 상온에 보관한 미지근한 물을 마시고, 어지간해서는 차에서 에어컨을 틀지 않는다. 미팅할 일이 있어도 차가운 음료보다는 차 종류를 선호하는 편이다. 그리고 무엇보다 운동을 열심히 한다.

인간의 정상 체온은 36.5도이다. 우리 몸은 체온의 상승과 하강에 따라 큰 변화가 나타난다. 체온이 1도 상승하면 기초대사량(체온 유지, 심장박동, 호흡 등 생명 유지를 위해 필요한 최소한의 에너지량)은 13퍼센트 증가하고, 면역력도 크게 향상된다. 몸에 열이 오르면 세포 활동이 촉진되고 신진대사도 활발해진다. 반면에 체온이 1도 떨어지면 면역력이 30퍼센트 이상 감소한다. 체온이 떨어지면 혈관 수축이 일어나 혈액 공급이 원활하지 못하므로 혈액순환이 방해를 받는다. 신진대사가 느려지고 영양분 공급이 더뎌지며, 깨끗한 산소 역시 몸에 원활하게 공급되지 않는다.

다시 말해 체온이 떨어지면 대사 기능이 저하되고 면역력 또한 감소한다. 무기력증을 동반한 기력 쇠약 현상이 생긴다. 그러다 보니 몸을 일으킬 힘이 없어 운동량은 더욱 감소하게 된다. 운동량의 감소로 기혈의 순환도 감소하는 악순환의 고리에 빠져

든다. 체온이 낮아지는 것은 다시 말해 몸의 모든 균형이 깨지는 것을 의미한다. 안타깝게도 현대인들은 대부분 정상 체온을 밑도는 저체온이다. 병원에 수족냉증이나 차가운 몸으로 내원하는 사람들이 공통적으로 보이는 증상이 있다. 대부분 잦은 감기와 장염으로 인한 고통을 호소한다.

　체온이 낮아지는 원인으로는 여러 가지가 있다. 저체온이 되는 대표적인 원인으로 운동 부족과 문명의 이기利器를 든다. 운동은 체온을 결정짓는 중요한 요소다. 족욕이나 반신욕을 통해 외부에서 내부로 전달되는 열도 물론 도움이 되지만, 스스로의 움직임을 통해 발열하는 것만 못하다. 꾸준한 운동으로 근육이 많아지면 체온은 저절로 높게 유지된다. 근육이 핵심적인 열 발생 기관이기 때문이다. "지방이 많은 사람이 추위를 덜 탄다"는 말보다 "근육이 많은 사람이 훨씬 추위에 강하다"는 말이 맞는 표현이다.

　또 하나 문명의 이기 속에서 생활하는 현대인의 생활 패턴에 대해 생각해보자. 아침에 일어나서 냉장고 문을 열고 시원한 물을 한 컵 마시며 잠을 깬다. 욕조에 몸을 담그는 것보다 간편하게 샤워를 하며 출근 준비를 한다. 에어컨이 나오는 교통수단을 이용해서 출근을 하고, 하루 종일 냉방시설이 갖춰진 건물에서 생활을 한다. 계단을 오르내리기보다 줄을 서는 불편함을 감수하며 기다려서라도 엘리베이터를 탄다. 고작해야 손가락을 키보드에 올려놓고 두들기는 동작 말고 다른 움직임은 거의 일어나지 않는다.

점심 식사 후 동료들과 찾은 카페에서 시원한 커피나 음료를 테이크아웃해서 마신다. 어딜 가나 냉방이 잘 되어 있는 탓에 얇은 카디건은 필수다. 하루 업무를 마치고 건물 밖을 나설 때면 머리가 묵직하게 아프고 으슬으슬 한기를 느낀다. 한여름에 콧물을 달고 살며 재채기가 자주 나온다. 미열이 오르기도 한다. 두통과 소화불량, 온몸이 쑤시는 증상을 호소하는 대부분의 직장인들은 병원에 가서 냉방병이라는 진단을 받는다. 직장인을 대상으로 한 조사에 따르면, 직장인 중 49.8퍼센트가 냉방병으로 고생한 경험이 있다고 응답했다.

몸 건강의 바로미터인 체온을 잘 유지하기 위해 꾸준한 운동을 권하며, 문명의 이기에서 조금은 멀어지라는 이야기를 하고 싶다. 생활 속에서 계단 오르기를 실천하고, 에어컨의 온도도 너무 낮게 설정하지 말며, 찬 음료와 음식보다는 체온과 비슷한 미지근한 음료와 식품을 섭취해 내 몸의 체온을 뺏기지 않도록 하는 것이 좋다. 또한 운동을 생활화하자. 운동을 통해 신진대사가 촉

진되고 혈액순환이 원활해져 체온 유지에 도움이 된다. 부담 없이 가볍게 걷기부터 시작해도 좋다. 어느 정도 몸이 운동에 적응했다는 생각이 들면 근육운동을 통해 몸의 근육을 늘리자.

근육은 가만히 있을 때 신진대사에 사용되고 체온 유지에 쓰이는 에너지인 기초대사량을 늘린다. 운동은 유산소운동과 무산소운동을 적절히 병행하는 것이 가장 좋다. 이때 무산소운동에 속하는 근육운동은 하체 중심으로 하는 것이 좋다. 근육의 70퍼센트가 하체에 집중되어 있기 때문에 빠르게 효과를 볼 수 있다. 그래서 나는 스쿼을 가장 좋아한다. 스쿼이나 데드 리프트를 하고 나면 몸이 빠르게 데워진다. 후끈하게 열이 오르는 느낌이 참 좋다. 즉 운동을 하면 신진대사가 촉진되며 체온 상승에 도움을 준다.

나 역시 운동의 필요성과 중요성을 알기 전에는 운동하는 것 자체가 고역이었다. 운동이 아니라 노동을 하는 기분으로 센터에 가곤 했다. 특히 겨울철에는 추위 탓에 더 움츠러들었다. 냉기 가득한 운동복이 너무 차가워 드라이어로 옷을 데운 다음 입기도 했다. 따뜻한 이불 안에 있을걸 괜히 나왔다고 후회하면서 운동을 했었다. 하지만 지금은 다르다. 운동을 통해 몸이 변하고 삶이 바뀌는 것을 직접 경험한 이상 운동은 해야 할 의무가 아닌 내 삶의 일부가 되었다.

물론 지금도 추위를 타지만, 춥다고 움츠리기보다 센터를 찾아 운동을 한다. 먼저 부위별 스트레칭을 하며 몸을 서서히 데운다. 추위에 긴장되고 수축되어 있던 근육이 풀리면서 마음속 긴장도 함께 풀린다. 스트레칭만으로도 열기가 돌고 체온이 오르며 얼굴에 화색이 돈다. 칙칙했던 볼이 발그레해진다. 땀이 나는 걸 보니 순환이 되고 있다는 증거다. 러닝을 하면서도 운동 효과를 톡톡히 보고 있다. 예전엔 추운 날씨에 밖으로 나와 공을 차는 사람들을 의아하게 바라봤고, 조깅하는 사람 역시 별나다고 생각했지만, 직접 경험해보니 춥기는커녕 몸에서 뿜어내는 열기와 에너지로 인해 땀이 나고 더워서 겉옷을 벗어던질 지경이다. 한 시간가량의 운동이 열 시간 이상의 발열 효과를 낸다. 그래서인지 열심히 운동을 하는 요즘은 밤에 온수매트 없이도 숙면을 취한다. 운동을 통해 신체 내부의 발열 작용을 스스로 가동시킨 덕분이다. 운동 후의 그 개운함은 맛보지 않은 사람에게 설명하기가 쉽지 않다.

꾸준한 운동 덕분에 손발이 찬 증상도 완화되었고, 불규칙했던 생리 주기도 잘 들어맞게 되었다. 그전에는 호르몬제를 두세 달씩 복용하며 주기를 맞춰야 했는데, 지금 돌아보니 운동이 약보다 더 효과적이다.

　현대 여성 대부분이 건강 체온을 밑돈다고 한다. 눈에 띄는 현상이 아직 없다고 하지만, 몸의 면역력은 점차 떨어지고 순환 역시 더뎌진다. 추울 땐 추워서 나가기 싫고, 더울 땐 더워서 움직이기 싫다고 합리화하고 있지는 않은가? "인간은 합리적인 동물이 아니라 합리화하는 동물이다"라고 한 로버트 하인라인Robert Heinlein의 말처럼 우리는 수시로 자신의 행동과 생각에 대해 합리화시키려고 한다. "내가 오늘 치맥을 하는 이유는 회사 업무로 너무 스트레스를 받아서이고, 운동을 안 하는 이유는 시간이 없어서 못 하는 거야"라며 나쁜 마음으로 핑계대지 말고 일단 시작하자. 여성들이여, 매사에 합리적인 사람이 되기는 힘들더라도, 적어도 적당히 타협하며 자신의 나태함과 주저함을 합리화하는 것은 경계하자.

잠은 건강과 육신을 묶는 황금 사슬이다.

토마스 데커

수면의 질이
삶의 질을 결정한다

번뜩 떠오르는 아이디어나 생각을 달아나기 전에 붙잡아서 글로 엮어 틈틈이 메모장에 옮겨두거나 SNS에 정리해 공유하고 있다. 오늘도 밤 11시경 잠자리에 누웠다가 갑자기 생각난 내용이 있어 페이스북에 업로드를 했다. 그랬더니 친한 친구에게서 웬일로 이 시간에 깨어 있냐는 물음이 돌아온다. 밤 11시 반경 친구 여섯 명이 함께하는 단체 채팅방에 톡이 올라왔다. 주말에 만나자는 이야기에 '좋다'고 대답했다. 그랬더니 이번에도 어쩐 일로 이 시간에 안 자고 답장을 하냐는 답이 돌아온다.

그렇다. 나는 친구들이나 친한 지인들에게 집순이 혹은 완벽한 아침형 인간으로 불리고 있다. 밤잠은 많지만 아침잠이 없어

붙은 별명이다. 11시 이전에 자는 대신 아침을 일찍 연다. 물론 강의와 대학원 공부를 병행하면서 잠자는 시간이 제법 늦춰지긴 했지만, 그래도 일찍 잠들기 위해 노력하는 편이다. 집중력이나 효율적인 부분에서도 오전에 일과를 일찍 시작하는 편이 나에게는 더 잘 맞는다.

오전 회의가 있던 날, 동료에게 "꿀잠 잤어요?"라며 인사를 했는데, 초점 없는 눈빛으로 커피를 들이켜며 "꿀잠이 뭔가요? 먹는 건가요?"라는 대답이 돌아온 적이 있다. 수면의 양도, 질도 다 문제가 되는 수면 부족에 시달리는 우리의 모습이다. 현대인들은 자의건 타의건 늘 수면 부족에 시달린다. 밤이 없어지면서 멈춤과 쉼도 사라졌다. 야근과 밤샘으로 잠을 잊어가고 있다. 잠들지 않는 도시에서 잠들지 못하는 인간의 육체는 휴식 불능 상태에 놓이게 된다. 그래서인지 요즘은 불금을 즐기는 대신 부족한 잠을 보충하는 '잠금'이 유행하고 있다.

OECD가 조사한 한국인 평균 수면 시간은 여섯 시간으로 회원국 중 꼴찌를 기록했다. 당신의 밤은 안녕한지 궁금하다. 늦은 밤까지 잠 못 들며 야식의 유혹에 굴복하는 날은 또 얼마나 많은지도 알고 싶다. 시계 알람에 의지하지 않고 개운한 기분으로 저절로 눈을 뜨는 날이 일주일에 며칠이나 되는가?

우리는 상쾌한 수면이 건강에 미치는 영향에 대해서도 관심을 가질 필요가 있다. 건강을 관리하고 체중을 줄이는 것은 속도전이 아니다. 천천히 관조할 줄 아는 여유가 필요하다. 몸을 혹사시키는 방식이 아닌 자신의 몸을 더욱 아끼고 사랑하며 접근해야 한다. 수면 전도사이자 『수면 혁명』의 저자인 아리아나 허핑턴Arianna Huffington은 "하루 네댓 시간 자고도 완벽하게 일을 할 수 있다는 건 착각이다"라고 말한다. 수면 부족은 올바른 뇌 활동을 저지하며, 면역체계에도 치명적인 영향을 미친다. 그뿐만 아니라 호르몬 이상을 야기해 폭식과 야식의 욕구를 불러일으켜 살이 찌게 하는 주범이다. 높은 칼로리 위주의 식습관이나 운동 부족뿐만 아니라 수면 부족도 비만을 일으키는 주요 요인으로 보아야 한다.

연기력을 인정받거나 대중의 사랑을 받는 배우는 시청자들에게 각인된 대표적인 인생 캐릭터가 있다. 그들은 자신이 맡은 배역에 몰입하기 위해 체중 증가나 감량을 마다하지 않는다. 체중 감량에 성공한 배우로 김선아 씨에 대한 이야기가 빠지지 않는다. 그녀는 〈내 이름은 김삼순〉이라는 드라마에서 뚱뚱하고 예쁘지 않은 외모에 이름까지 촌스러운 노처녀를 연기하기 위해 70킬로그램에 육박할 정도로 살을 찌웠다. 캐릭터에 몰입한 완벽에 가까운 연기는 많은 시청자들의 공감을 사며 연기력과 인기라는 두 마리 토끼를 잡았다. 연이어 김선아 씨는 다음 작품에서 6개월 시한부 판정을 받은 여주인공을 연기하기 위해 14킬로그램을 감량한다. 그 후에도 그녀는 작품 속 배역에 몰입하기 위해 꾸준히 다이어트를 했다. 최근 한 예능 프로그램에서 그녀는 다이어트에 대한 고충을 털어놓았다. 그녀가 말한 살을 빼기 위해 감행했던 건강하지 못한 극단적인 다이어트는 안 자고 안 먹는 것이었다. 4개월 넘게 잠을 2시간 이내로 제한하는 방식으로, 극한의 상태로 자신을 내몰았다고 한다. 이러한 방법은 절대 따라하지 말라며 너무나 고통스러웠다면서 눈물을 내비치기도 했다.

그렇다. 배우라는 특수한 직업군에서는 자신이 맡은 배역을 위해 잠까지 줄여가며 무리하게 체중 감량을 해야 하는 상황이 있을 수 있다. 하지만 그들은 엄청난 자기 관리와 통제를 하는 과정에서 우리가 생각하는 것보다 더 많은 스트레스를 받으며 건강까지 위협받는다.

잠을 잘 자면 기억력이 향상되고, 심장 관련 질환과 우울증 치료에도 효과가 있으며, 더 건강해짐은 물론 체중 감량, 창의력 증진에도 도움이 된다.

몸이 답이다

여성들이여, 체중 감량을 원한다면, 건강한 몸을 가지고 싶다면 충분한 휴식과 수면을 취하라. 적당한 운동과 식단 조절에 충분한 수면까지, 이 삼박자가 갖춰질 때 보다 완벽한 다이어트를 할 수 있다는 사실에 집중하자. 수면 시간이 부족하면 허리둘레가 증가하고 복부 지방이 더 잘 축적된다. 결과적으로 잠을 잘 자는 것만으로도 허리 사이즈 감소는 물론, 다이어트 효과까지 볼 수 있다. 충분한 잠으로 허리 라인을 업시켜보자.

2017년 7월 9일자 신문에 '매일 충분한 수면을 취하는 것만으로도 다이어트에 효과가 있다'는 기사가 실렸다. 사람들이 수면 부족으로 인해 피곤함을 느낄 때 공복 호르몬인 그렐린ghrehlin이 분비되는데, 이 수치가 높을수록 더 쉽게 허기를 느끼게 되며, 수면의 양과 질이 떨어질수록 배고픔을 억제하는 호르몬인 렙틴leptin이 제대로 나오지 않아 음식을 절제하지 못하고 평소보다 더 많은 양을 섭취하게 된다는 내용이었다. 즉 잠이 부족한 사람들은 호르몬 분비 이상으로 폭식을 하거나 더 자주 배고픔을 느끼게 된다는 사실이 과학적으로 입증되었다.

잠은 우리 몸과 건강을 잇는 연결고리다. 피곤하다는 말을 늘입에 달고 살거나 폭식과 야식으로 늘어나는 배둘레햄을 걱정하고 있다면, 과감하게 일상을 단순화시킬 필요가 있다. 스스로에게 집중하고 몸의 활력을 줄 수 있는 시간을 가져보자. "좋은 잠이야말로 자연이 인간에게 부여해준 살뜰하고 그리운 간호부다"라는 셰익스피어의 말에 공감하는 나는 전형적인 아침형 인간으로 살고 있다. 체력의 양을 잘 알기에 최소한의 수면 시간을 나 자신에게 보장해주려 힘쓴다. 해야 할 미팅이나 회의는 점심으로 잡고, 저녁에는 최대한 일찍 들어온다. 술도 마시지 않는다. 마시지 않는다기보다 몸에 받지 않아 피하는 편이다. 더구나 술을 마시면 오히려 각성효과로 인해 깊은 잠을 방해한다고 하니 마실 이유가 없다.

어지간해서는 12시를 넘겨 잠드는 법이 없다. 일찍 잠드는 습관 덕분에 새벽 5시면 눈이 떠진다. 누가 강제하는 것이 아니라 내 생활에 맞는 패턴을 따르기에 무리가 되지 않는다. 다들 집에 꿀단지가 있냐며, 참 인생 재미없게 산다고 하지만, 나는 이게 좋다. 나에게는 1시간 정도의 운동과 평균 7시간을 유지하는 수면 시간이야말로 일과 삶의 균형을 맞춰주는 최고의 조합인 셈이다. 건강한 삶에 한 걸음 더 가까이 다가가고 잠자는 시간을 보장하기 위해서는 의도적인 노력을 기울여야 한다.

여성들이여, 수면 부족은 체중 증가를 유발하고 만병의 근원이 될 수 있다는 점을 명심하자.

수면의 질을 높이는 방법

1. 적당한 운동과 스트레칭하기
적당한 운동은 숙면에 도움이 된다. 스트레칭 역시 긴장된 몸에 쉼을 주며 숙면을 유도한다. (잠자기 직전에 하는 격한 운동은 오히려 숙면에 방해가 되므로 스트레칭 정도가 적당하다.)

2. 따뜻한 물에 반신욕이나 족욕하기
잠들기 전 20분 정도 반신욕을 통해 체온을 올려준다. 체온이 오르면 긴장이 풀어지고 잠이 잘 온다.

3. 취침 전 따뜻한 차 또는 우유 마시기
소화하기에 무리 없는 따뜻한 음료는 몸의 체온을 높여 나른하게 해주어 잠이 잘 오도록 한다. 에너지 드링크나 커피 등 카페인이 많은 음료 섭취는 조절하자. 또한 위에 음식물이 가득 찬 상태로 잠을 잘 경우 숙면을 취하기 어렵다.

4. 잠자리는 쾌적하게
잠자리가 불편하면 깊은 수면에 방해가 된다. 침실 온도는 20도가 적당하며, 습도는 50퍼센트 정도로 유지하는 것이 좋다. 겨울철 난방으로 인해 실내가 건조하면 감기에 걸리기 쉬우니 주의하자.

5. 휴대전화는 최대한 멀리하기
스마트폰의 블루라이트에 노출되면 불면증의 원인이 된다. 텔레비전을 켜고 잠드는 습관도 고치도록 하자.

당신이 어디에서 무엇을 하는 사람이든
당신은 자신의 분야에서 위대해질 수 있는 방법을 이미 알고 있다.
다만 시작하지 못했고, 반복하지 못했을 뿐이다.
시작하고, 반복하라.

강수진

에너지 소모형
인간이 되자

뉴욕에서 살고 있는 친구 C로부터 연락이 왔다. 3개월 일정으로 조만간 한국에 들어오는데 더 이상 몸을 방치해서는 안 될 것 같다며, 내가 운동하고 있는 곳을 소개해달라는 전화였다. 몇 년째 꾸준히 운동을 하며 긍정적인 효과에 대해 하도 이야기를 많이 하고 다녔더니, 이제는 반대로 운동이나 건강에 대해 궁금한 것들을 많이 물어온다. 처음에 운동을 한다고 했을 때 "네가? 얼마나 하나 보자"라고 말하며 별 관심을 보이지 않던 사람들도 이제는 '멋있다', '대단하다', '정말 많이 자극받는다'며 응원 글을 남기고 힘을 준다. 운동을 통해 변화된 내 모습이 백 마디 말보다 강한 힘이 있음을 느꼈다. 아는 것을 삶으로 증명하고 있는 지금에 감사하다.

C는 결혼 전에 요가를 하며 자기 관리를 했던 친구다. 그런데 8년 동안 외국에서 생활하며 신체 활동과 담을 쌓고 산 데다 운동 부족과 식습관의 불균형으로 살이 많이 쪘다. 불어난 살로 인해 허리와 무릎 쪽이 자주 아프다고 했다. 처음에는 가족도 친구도 없는 낯선 곳에서 생활에 적응하느라 운동을 할 마음의 여유가 없었다고 했다. 나중에 시간적 여유는 생겼지만 운동을 내려놓은 지 너무 오래되다보니 방법이 생각나지 않아 하고 싶어도 못 했다며, 자신이 운동을 다시 배우고자 하는 이유에 대해 이야기했다. 이미 여러 차례 다이어트 실패를 경험한 친구에게는 당장 눈에 보이는 몸무게의 변화가 중요하지 않았다. 더딜지라도 요요 현상 없는 체중 감량을 원했고, 건강을 위해 지속적으로 몸 관리를 하고 싶어 했다.

미국에 돌아가서도 혼자서 꾸준히 운동을 할 수 있도록 동기 부여가 필요했던 것이다. 몸매 관리가 아닌 몸 관리 측면에서 운동을 하고자 하는 친구가 너무 대견했다. 만약 "나는 3개월 안에 10킬로그램을 뺄 거야"라고 말했다면 센터를 소개하기가 망설여졌을 것이다. 짧은 시간 동안 체중 감량에 성공한다는 것의 무의미함을 잘 알기 때문이다. 다행히 친구는 단기간에 살을 빼는 것이 목표가 아니라 운동하는 방법을 제대로 배우고 싶다고 했다. 짧은 기간이지만 열심히 배우고 습관을 들여 미국에 돌아가서도 혼자서 운동할 수 있도록 하는 것을 목표로 삼았다.

그러면서 "지금 당장 살이 빠지는 건 기대 안 해. 나는 지금 근육이 1도 없어! 운동하면 건강한 뚱뚱이, 요가하면 유연한 뚱뚱이, 수영하면 물에 잘 뜨는 뚱뚱이라며? 근육을 서서히 늘리고 당분간은 그냥 건강한 뚱뚱이가 되어도 좋아"라고 말하며 웃었다.

한국에 들어온 그녀와 함께 PT 스튜디오를 방문했다. 상담 전 인보디 측정을 했는데, 역시나 근육은 한없이 부족한 상태였고 체지방률body fat percentage[7]은 37퍼센트에 육박했다. 체지방률이란 말 그대로 체중에서 체지방이 차지하는 비율이다. 또는 지방 저장률이라고도 한다. 20~30대 여성의 적정 체지방률을 18~28퍼센트로 봤을 때 37퍼센트는 엄청나게 높은 수치다. 겉보기에는 운동의 필요성을 느끼지 못하는 상태였지만, 실제로 친구는 70~80대 할머니 수준의 근육을 가지고 있었고, 고도 비만자로 보는 35퍼센트를 뛰어넘는 체지방률 보유자였다.

근육이 너무 없어 예상보다 나쁜 결과가 나왔다. 근육이 1도 없다는 농담은 허언虛言이 아니었다. 트레이너는 한국에 있는 동안 열심히 배우고 몸에 익혀 미국에 가서도 꾸준히 운동하길 권

했다. 운동을 하면 몸무게가 지금보다 2~3킬로그램 정도 늘어날 수도 있다는 말을 덧붙였다. 몸무게가 늘더라도 지방이 아닌 근육이 증가한 것이기에 신체 사이즈는 줄어들고, 몸에 탄력이 붙게 되니 몸무게 숫자에는 크게 신경 쓰지 말라고 했다. 친구는 앞으로도 좋아하는 음식을 스트레스 받지 않고 먹을 것이며, 대신에 근육이 증가할 수 있도록 운동을 열심히 하겠다는 말로 상담을 끝냈다.

그렇다. 핵심은 근육과 체지방률에 있었다. 근육이 늘어나면 기초대사량이 높아진다. 꼭 운동할 때만 체지방 연소가 일어나는 것은 아니다. 웨이트를 통해 근육과 근력이 향상되면 일상생활에서 소모되는 칼로리도 비약적으로 늘어난다. 근육이 많은 사람은 근육을 유지하기 위해 신체 내에서 계속 에너지 소비가 일어나기 때문에 지방으로 저장되는 여분의 에너지가 줄어든다. 즉 같은 양을 먹어도 근육이 많은 사람이 지방이 많은 사람보다 체중 변화의 폭이 작다. 바로 이런 사람들이 에너지 소모형 인간이다.

에너지 소모형 인간이 되기 위해서는 발레리나 강수진 씨의 말처럼 일단 시작하고, 반복해야 한다. 식이 조절과 유산소운동, 그리고 근육을 늘리는 데 도움이 되는 무산소운동을 적절한 비

율로 지속하면 요요 현상을 줄이면서 건강하고 탄력이 넘치는 아름다운 몸매를 만들 수 있다. 운동을 하면 근육이 붙어 우람해질 것이라고 걱정하는 여성이 많은데, 이는 운동에 대한 오해다. 단언컨대 우람해지기보다 우아해질 것이다. 운동의 기억을 공유하는 근육이 많아질수록 우리 몸은 건강해질 수 있다. 물만 먹어도 살이 찐다고 불평하지 말고, 자신보다 늘 더 많이 먹는 것 같은데 날씬한 친구를 부러워 말자. 운동한 만큼 살이 빠지고 먹는 만큼 살이 찌는 것이 진리다. 불평하고 부러워할 시간에 운동하라!

누구나 나이가 들어감에 따라 몸의 근육이 줄어든다. 20~30대 이후가 되면 근육량은 빨리 감소되고 지방은 증가한다. 이에 따라 70대가 되면 20대에 비해 근육이 40퍼센트 이상 감소된다고 한다. 평소에 운동을 하는 사람들도 이러할진대 하물며 아무런 신체 자극 없이 운동을 멀리하는 이들은 이른바 ET형 몸매가 되기 쉽다. 나이가 들수록 다리의 근육은 감소하고 복부 지방이 늘어나며 엉덩이는 처지게 된다. 결국 팔다리는 극세사화되고, 지방은 중앙으로 집중되는 모습을 띠게 되는 것이다. 특히 여성들은 폐경기가 지나면 여성호르몬을 만들어내던 콜레스테롤의 쓰임이 없어져 남아돌게 된다. 근육이 있던 자리가 더욱 빠르게 지방으로 채워지고, 살이 찌기 더 쉬워진다. 그러면서 점점 불어난 살을 숨기고 탄력을 잃은 몸을 가리기에 급급하게 된다.

나이가 들수록 거울을 마주하기가 겁이 난다는 여성들이 많다. "뒤 길이가 길어서 처진 엉덩이를 잘 가려주죠", "패턴이 들어가 있어서 미운 팔뚝살도 잘 가려줘요", "바지의 밴딩감이 좋고 잘 눌러줘서 뱃살을 감쪽같이 가려줍니다" 등은 홈쇼핑에서 쇼호스트들이 자주 쓰는 말이다. 대부분의 멘트가 미운 살, 처진 살을 가려주고 눌러주고 시선을 분산시켜 날씬해 보이게 한다는 것이니, 아마도 이 말이 여성 소비자들의 마음을 움직이게 하는 핵심인 듯하다.

건강한 몸을 잃으면 인생이 우울하고 힘들어진다. 언제까지 우울해하고만 있을 것인가? 여성들이여, 근육운동을 통해 에너지 소모형 인간이 되자! 움직임은 변화를 약속한다. 몸의 변화를 넘어 삶의 변화를 가져오는 안전하고 확실한 방법이 여기에 있다. 건강한 아름다움을 가지고 싶다면 운동을 시작하라.

식사법이 잘못되었다면 약이 소용없고,
식사법이 옳다면 약이 필요 없다.

고대 아유르베딕 속담

'단짠단짠'에서
멀어지자

"어떤 음식을 좋아하세요?"라는 질문에 20대 초반까지는 "맛에 펀치가 있는 음식"이라고 대답했다. '맛에 펀치가 있는 음식'이란 먹었을 때 입안에 강한 자극이 전달되는 것을 말한다. 맵고 짠 음식을 즐겼고 자주 먹었다. 입술이 얼얼해지고 정수리가 뜨거워지며 땀이 날 정도의 강한 맛을 가진 음식이라면 사족을 못 썼다. 용두동에 있는 매운 주꾸미 맛에 반해 일주일에 세 번이나 오로지 주꾸미를 먹겠다는 일념 하나로 두 시간 이상을 달려가기도 했고, 무진장 매운 갈비찜을 먹기 위해 30분 이상 줄을 서는 수고로움을 감수하기도 했다. 짜고 맵고 강한 맛을 생각하는 것만으로도 군침이 돌았다.

어머니 말씀으로는 내가 다섯 살 때부터 매운 파김치를 좋아했다고 한다. 그때부터 길들여진 입맛을 20대까지 유지하며 극한의 매운맛을 즐겼다. 얼굴이 벌겋게 달아오르고 땀이 날지라도 먹고 난 다음의 그 개운함이 좋았다. 매운 음식을 먹고 난 후의 속 쓰림 정도는 얼마든지 감수할 마음이 있었다.

맵고 짠 음식을 판매하는 식당에는 언제나 단짝처럼 진열된 음료가 있다. 매운맛을 사랑하는 사람이라면 누구나 알 만한 그 음료는 바로 쿨피스이다. 자두 맛, 파인애플 맛, 사과 맛을 골라 마시는 재미도 있었고, 달달하고 시원한 음료 한 모금이 입안의 얼얼함을 중화시켜주었으므로 즐겨 마셨다. 이른바 맛에 펀치가 있는 짬뽕이나 매운맛 강도 4단계 이상의 해물떡찜에 쿨피스가 빠지면 뭔가 허전하고 서운하기까지 했다. 자극적인 음식을 먹고 나면 꼭 쿨피스가 아니더라도 '혈중 초코 농도'가 떨어졌다며 초코 우유 같은 단 음료를 찾았다. 지금 생각해보니 맵고 짠 맛과 달콤한 음료의 조화가 요즘 말로 '단짠단짠'을 대표하는 환상적인 단짝이었던 것 같다. '단짠'은 단것을 먹으면 짠 음식이 생각나고 먹게 된다는 말을 줄인 신조어이다.

'단짠단짠'이냐 '짠단짠단'이냐, 순서를 놓고 말들이 많던데 단 음식을 먹고 짠 음식이 당기는 게 먼저인지 짠 음식을 먹고 단 음식이 생각나는 게 먼저인지는 그리 중요하지 않다. 우리는 단지 '단짠'의 악순환이 반복되며 살이 찐다는 것을 경계하면 된다. 흔히 여성들이 이 '단짠'의 유혹에 쉽게 빠진다. "'단짠'의 조화만 잘 맞춰주면 끊임없이 음식을 먹을 수 있다"고 이야기하기도 한다. 예를 들어 맵고 짠 갈비찜을 먹은 후에는 시원하고 달달한 아이스크림이 당기고, 아이스크림을 먹고 나면 느끼함을 잡아줄 떡볶이가 생각난다. 떡볶이를 먹고 나면 부드럽고 촉촉한 치즈 케이크나 티라미슈 같은 디저트가 먹고 싶어진다. 디저트 섭취 후에는 맛에 펀치가 있는 쫄면이나 비빔냉면 정도는 들어갈 빈틈이 위장에 생긴다. 이런 식이면 수다 떨며 소화시켜가면서 계속 먹을 수 있다. 이른바 '단짠'의 꿀 조합을 찾아 먹으면 평소보다 훨씬 많은 양을 먹게 되고, 넘치는 칼로리는 고스란히 살로 축적된다.

하지만 그 맛을 쉽게 포기할 수 없다. 다이어트로 많은 감량을 한 옥주현 씨의 말처럼 "먹어봤자 내가 다 아는 그 맛"이지만, 먹어봤기에 얼마나 맛있는지 잘 알고 있어 포기하기가 더 힘들다.

그러나 우리의 입을 즐겁게 하는 것들이 우리의 몸을 파괴한다는 사실을 기억하자. "건강을 유지하는 유일한 길은 원하지 않는 것을 먹고, 좋아하지 않는 것을 마시고, 하기 싫은 일을 하는

〈건강에 좋은 음식〉　　　〈영혼에 좋은 음식〉

것이다"라고 마크 트웨인Mark Twain은 말했다. 요즘은 몸이 원하는 것이 아니라 입에서 원하는 것을 너무 많이 먹어서 생기는 위험이 크다. 우선 음식을 맵고 짜게 먹는 식습관은 염분을 과다 섭취하게 되고, 혈액순환에 장애를 일으키거나 부종 현상을 유발하는 등 우리 몸에 좋지 않은 영향을 끼친다. 그뿐만 아니라 맵고 짠 음식을 자주 섭취하면 위 점막이 자극을 받아 위염이나 식도염 등의 질환에 걸릴 위험성도 높아진다. 이미 우리나라는 OECD 회원국 중 위암 발생률이 가장 높은 나라라는 불명예를 가지고 있다.

　전문가들은 "비만과 당뇨병, 암, 심장병 위험을 증가시키는 당분 중독은 마약 중독과 비슷하게 위험하다"고 말한다. 내 경우에는 몸이 피곤하거나 스트레스를 많이 받은 날이면 초콜릿이나 사탕 같은 단 음식이 생각난다. 특히 캐러멜 시럽이 듬뿍 들어간 커피가 간절해진다. 먹으면 살이 찐다는 것도 알고, 몸에 안 좋은 영향을 끼친다는 것도 아는데, 정신을 차려보면 어느새 내 손에는 커피가 들려 있고, 내 입은 초콜릿을 녹여먹고 있다. 이와 같은 당분(설탕) 중독이 약물이나 알코올의존증만큼 늘고 있다는 통계도 있다. 조지아 주립대학교 신경과학연구소 요코 헨더슨 박사 팀은 '단 음식 = 행복' 반응이 반복되면서 단 음식을 더 많이 찾는 중독 현상을 일으킨다고 설명했다. 달콤한 음식을 먹었을 때 느끼는 즐거움이 반복되면서 단 음식 중독으로 이어질 수 있다는 연구 결과이다.

초콜릿이나 탄산음료처럼 당분이 많은 음식을 섭취하면 순간적으로 몸의 혈당이 상승하게 된다. 상승한 혈당을 제어하기 위해 인슐린이 분비되고 혈당은 다시 낮아진다. 혈당의 급격한 상승과 하강 과정이 진행되면서 몸의 피로감은 더욱 가중된다. 혈당이 상승된 기분 좋은 상태를 몸이 기억하기에 또다시 단 음식을 찾게 되고, 섭취하지 않을 시 우울하고 불안해지는 설탕 중독이나 설탕의존증의 악순환이 반복된다. 그뿐만 아니라 설탕, 꿀, 초콜릿 등의 단 음식은 대부분 열량은 많으면서 다른 영양소가 적게 함유되어 있다. 따라서 단 음식을 자주 섭취하면 영양의 균형이 깨질 수 있다. 물론 설탕이 들어가면 음식의 풍미가 높아지고 맛도 좋아진다. 게다가 당분이 많이 포함된 음료의 경우에는 마시면 입이 즐겁고 기분도 좋아진다. 피곤하다고 운동이나 활동량은 줄이면서 당분 위주의 음식을 즐기다보면 신체 대사의 변화를 야기하고, 이러한 변화는 세포의 에너지 생산 능력에도 영향을 미친다. 더불어 당분 섭취는 체중 증가로 이어진다. 체중의 증가는 역시 신체의 피로감을 유발하기에 단 음식이 당기는 악순환의 고리를 끊기 어려워진다.

'단짠단짠'이라는 악순환의 고리를 끊고 건강한 식단을 유지하면서 생긴 몸의 변화는 실로 놀랍다. 소화도 잘되고 배변 활동도 편안해졌다. 피부가 맑아지며 붉은 기운도 많이 사라졌고, 무엇보다 피부결이 부드러워졌다. 그동안의 노력의 결실을 사진에 남기고 싶었다. 보디 프로필 촬영을 위해 평소의 식습관을 약간 수정했다. 세끼를 다 섭취하는 것에는 변함이 없었지만 찌개류나 국과 같은 짜거나 국물 있는 음식을 자제하고, 파프리카와 브로콜리 등 신선한 야채와 닭가슴살 섭취량을 조금 늘렸다. 그렇게 유지하다보니 식재료 본연의 단맛이 느껴지며, 미각도 예민하게 살아나는 것 같았다.

나는 이 책에서 단순히 몸매를 관리하는 방법에 대해 논하고 싶지 않다. 여성들이 삶의 질을 향상시켜 더욱 행복하고 건강하게 삶의 주인으로 살아갈 수 있도록 몸을 관리하는 방향에 대해 이야기하고 싶다. 맛보다 기능을 우선 생각하며 식습관을 바꾼 덕분에 지금은 '단짠'의 유혹에서 벗어났다. 먹고 싶은 것을 다 먹고 하고 싶은 것을 다 한다면 몸 관리와 몸매 관리는 절대로 불가능하다. 더불어 운동은 체내 칼로리를 다 태울 수 없지만, 적어도 음식에 대한 식욕을 줄이고 단 음식에 대한 식탐을 감소시키는 효과가 있다고 전문가들은 말한다.

내 경우에는 열심히 운동한 게 아까워서라도 달고 짠 음식보다 신선한 샐러드나 적당한 단백질을 먹는다. 운동을 지속적으로 한 덕분에 식습관에도 신경을 쓰게 되었고, 몸이 붓는 증상도 상당히 완화되었다. 암에 대한 가족력이 있다보니 건강을 더 생각하게 되었고, 몸에 대한 지속적인 관심을 유지하며 지금도 운동을 생활화하고 있다. 내 몸이 보내는 소리에 귀 기울이지 않으면 삶이 기울 수도 있다. 건강하고 싶은가? 살을 빼고 싶은가? 그렇다면 단짠단짠을 경계하라! 그리고 운동을 시작하라!

인생에서 성공하는 비결 중 하나는
좋아하는 음식을 먹고 힘내 싸우는 것이다.

마크 트웨인

야근은 밥 먹듯 하면서
아침밥은 왜 안 먹어?

야근은 밥 먹듯 하면서 아침밥을 먹지 않는 사람들이 적지 않다. 현대 사회는 아침이 간소화되고 저녁의 비중이 높아지는 식습관이 자리하고 있다. 이는 '건강하지 못한 형태'의 식습관으로 지적된다. 물론 식사를 거르는 데는 여러 가지 이유가 있다. 첫번째는 아침밥을 사치라고 말하는 입장이다. 이들은 아침밥을 먹느니 잠을 조금 더 자는 것을 택하겠노라고 말한다. 현대인들은 아침마다 눈뜨기 바쁘게 준비해서 출근길에 오른다. 출퇴근 거리가 가까우면 다행이지만 그런 경우는 드물다. 집이 일산인 지인을 예로 들어 보겠다. 그녀의 회사는 강남에 위치해 있다. 얼마 전 밤 10시경 통화할 일이 생겨 전화를 걸었는데, 그녀는 업무를 마치고 이제야 집에 들어가는 길이라고 했다. 도착하면 11시가 넘고, 씻고 잠자리에 들면 자정이 지나게 된다. 아침에는 6시 전에 집을 나서야 제시간에 회사에 도착한다고 하니, 집에 가서는 눈만 잠시 붙였다 나오는 일상의 연속인 셈이다.

삶이, 일상이 너무 촘촘하다. 촘촘하다 못해 숨이 막힐 지경이다. 시간이 없으니 이른 아침에 입맛이 있을 리 만무하다. 이런 현실 속에서 아침을 챙겨먹는 것은 한낱 바람에 불과하다. 하지만 밤낮없이 일하고 바쁜 업무에 치여 정신없는 생활이 반복될수록 몸의 소진을 막기 위해 충분한 영양을 공급해야 한다. 아침에 먹는 음식은 머리와 오장육부에 요긴한 영양으로 전달되고, 저녁에 먹는 음식은 살과 지방으로 간다. 아침은 든든하게 먹고, 저녁은 죽과 같은 가벼운 음식을 섭취하라는 조반석죽朝飯夕粥의 의미를 되새겨보자.

두 번째는 오래전부터 아침을 먹지 않는 버릇이 들어, 오히려 아침을 먹으면 속이 더부룩하고 불편해 앞으로도 안 먹을 거라고 말하는 사람들이 있다. 오전 강의를 하러 가면 이런 말을 하는 여성들을 쉽게 만날 수 있다. 기업 연수를 가면 대개 8시 반이나 9시에 첫 강의를 한다. 청중은 보통 6시 반부터 자율적으로 숙소 내 식당에서 식사를 하고 강의장에 들어온다. 일찍 강의장에 온 사람들은 대개 무료함을 달래고자, 혹은 어색함에 휴대전화를 들여다보고 있다. 다가가 인사를 건넨다. 그때 주고받는 대표적인 인사가 "식사하셨어요?"이다. 내 질문에 "아뇨, 아침 원래 안 먹어요"라고 말하는 경우가 많다. 아침을 먹으면 배가 아프거나 더부룩하다는 이유에서이다. 아침을 거른 대부분의 사람들은 11시가 되기도 전에 공복을 견디지 못한 배의 아우성을 견뎌야 한다. 결국에는 점심 식사량이 늘고 다디단 간식류를 더 자주 섭취하게 된다. 결론적으로 속은 더욱 부대낄 수밖에 없다. 이런 경우에는 아침에 선식이나 견과류를 조금씩 섭취하며 몸을 적응시키는 것이 좋다.

아침을 거르는 세 번째 이유는 바로 다이어트를 위해 식사량을 제한하고 먹지 않는 경우이다. 다이어트를 결심한 적이 있는 여성이라면 이것과 관련해 한 번쯤 들어본 자극적인 문구가 있다. "세끼 다 먹으면 살이 쪄요"이다. 배우 김사랑 씨가 한 말이다. 그녀의 말은 다이어트를 하고자 하는 여성에게 공감을 준다. 하지만 내 입장은 다르다. 아침을 거르지 않고 규칙적으로 삼시 세끼를 먹으면서도 적정 체중을 유지하는 사람들도 많다. 몸을 생각한다면, 정말 다이어트를 하고 싶다면 끼니를 거르지 말아야 한다. 규칙적으로 식사를 하며 운동으로 조절해야 한다. 굶는

게 능사가 아니다. 강북삼성병원 내분비내과 이은정 교수는 "많은 연구에서 아침 결식이 체중과 허리둘레를 늘리고, 당뇨병, 뇌졸중 등의 발병률을 높이는 것으로 보고되고 있다"고 말한 바 있다.

앞에서 말한 세 가지 이유로 대부분의 사람들은 아침을 거른다. 최근 질병관리본부가 발표한 자료를 보면, 성인 열 명 중 세 명은 아침 식사를 거르고 있다. 아침 식사를 거르면 활동 에너지가 부족하기 때문에 신진대사를 활발히 하기 위해 간은 콜레스테롤과 지방을 합성하기 시작한다. 그로 인해 살이 찌게 된다. 게다가 몸에 부족한 혈당을 채우기 위해 근육에 있는 글리코겐을 분해함으로써 근육이 빠지게 된다. 또한 아침 공복 상태로 점심 식사를 하는 경우 혈당이 급격하게 상승해 당뇨병의 위험이 증가하고, 인슐린이 나오는 과정에서 지방이 많이 합성되기 때문에 살이 찌는 체질로 바뀌는 악순환이 일어난다. 그러므로 아침을 거르는 것은 비만으로 가는 지름길이다.

몸을 생각한다면, 건강해지고 싶다면, 더불어 다이어트 효과를 보고 싶다면 아침 식사를 거르지 말자. 내가 프리랜서이기에 일정 맞춰서 편하게 운동도 하고, 식사도 제때 먹을 수 있는 거라고 말하는 사람들이 있다. 프리랜서는 프리한 직업이 아니라

자칫하면 영원히 프리해질 가능성이 높은 직업이다. 따라서 직장 생활을 하는 사람들 못지않게 정신없이 바쁘게 일정을 소화한다. 나는 프리랜서로 생존하기 위해 시간 관리와 일정 관리를 정말 분 단위로 쪼개어 쓸 정도로 철저히 하고 있다. 그리고 시간이 없다는 핑계로 아침 식사를 거르거나 운동을 게을리하지 않으려고 노력한다.

　새벽 6시에 운동을 하거나 일정이 다 끝난 밤 10시라도 센터에 간다. 새벽에 집을 나서는 스케줄이라도 아침 식사는 꼭 하고 이동한다. 속이 든든해야 힘도 나고, 강의도 잘된다. 삼시세끼는 꼭 챙겨먹어야 한다고 생각하며 그렇게 실천하고 있다. 밥보다 잠이 고플 때도 있지만, 제때 챙겨먹는 습관 덕분에 살이 덜 찌는 체질이 되었다. 이 습관을 몸에 배게 해주신 부모님께 감사드린다. 고등학생 때 야간 자율학습하고 또 새벽부터 일어나야 하는 생활이 너무 힘들었다. 당시에는 조금 더 자고 싶은데 아침 먹으라고 깨우는 엄마의 목소리가 정말 듣기 싫었지만 아침 식사만큼은 다 함께 하고 싶다는 부모님의 말씀에 따르기로 했다. 그리고 내가 기억할 수 있는 어린 시절부터 지금까지 단 한 번도 아침을 거른 적이 없다. 언제나 더 일찍 일어나서 식사를 준비해주시는 부모님 덕에 좋은 습관을 유지할 수 있었다. "육체란 짐을 진 짐승과 같아요. 육체를 먹이지 않으면 언젠가는 길바닥에 영혼을 팽개치고 말거라고요"[8]라는 『그리스인 조르바』에 나오는 구절 또한 규칙적인 식사의 중요성을 담고 있다.

현재의 몸을 객관적인 시각에서 들여다보라. 내 몸은 내적, 외적 과거의 습관들로부터 부단한 상호작용의 결과가 새겨져 있는 하나의 역사다. 몸이 먼저고, 몸이 전부며, 몸이 답이다. 늘어난 체중 때문에 스트레스를 받고 있는가? 지금 어딘가가 아프고 건강하지 못해 고통받고 있는가? 냉정하게 말하면 과거의 생활습관을 버리지 못하고 지금까지 몸을 살피지 않은 탓이다.

철학자 산타야나George Santayana는 "과거를 기억할 줄 모르는 사람은 과거를 되풀이한다"고 했다. 거울에 비춰진 자신의 모습이 불만족스러운가? 몸이 건강하지 않아 하고 싶은 무언가를 마음껏 할 수 없는가? 과거를 돌아보고 기억하자. 그리고 똑같은 실수를 되풀이하지 않기 위해 다짐하고 실천하자. 여성들이여, 하루는 아침 식사로부터 시작된다. 당장 내일부터 자신을 위해 아침을 거르지 말자.

욕망의 속성은 만족을 모른다는 것이고,
보통 사람은 욕망의 즉각적인 충족만을 추구하며 살아간다.

아리스토텔레스

맛있게 먹으면
0칼로리?

〈냉장고를 부탁해〉, 〈윤식당〉, 〈집밥 백선생〉, 〈맛있는 녀석들〉, 〈수요미식회〉 등 이른바 요리와 음식 관련 프로그램들이 시청자들의 사랑을 받으며 전성시대를 누리고 있다. 시청자들은 방송을 통해 맛도 있고 쉽게 따라할 수 있는 요리법을 배우기도 하고, 숨은 맛집들을 순례하며 맛집 인증에 열을 올리기도 한다. 그리고 방송에 나온 탓에 문전성시를 이루는 식당들 앞에서 기다리는 수고를 기꺼이 감수한다. 한편으로는 늦은 밤에 방송하는 음식 관련 프로그램들 때문에 자신도 모르게 현혹되어 침샘이 폭발하면서 야식의 유혹을 떨치기 어렵다며 볼멘소리도 한다.

식이 조절을 해야 하는데 자꾸 이것저것 음식들만 먹고 있다.

우리는 아닌 걸 알면서도 '괜찮아, 먹어도 돼, 맛있게 먹으면 제로 칼로리야'라는 생각으로 합리화하며 기꺼이 식탐의 숙주가 되고 만다. 한창 다이어트에 열을 올리는 친구들을 만나도 상황은 크게 다르지 않다. 배달민족倍達民族이 아닌 배 나온 민족이 되어가고 있다는 우스갯소리도 있다. 부족한 수면을 채우기 위해 밥 대신 잠을 택하고, 과도한 업무로 인해 점심을 거르기 일쑤인 사람들은 늦은 시간의 폭식으로 스스로를 위로한다. 이런 패턴이 반복되다보니 야식을 먹지 않고서는 잠을 이루지 못하거나, 음식량의 대부분을 늦은 밤에 섭취하는 '야식 증후군'에 걸릴 위험이 높아진다.

"먹고 싶은 거 안 먹고 참는 스트레스가 건강에 더 나빠", "배고플 때 참으면 위장이 욕해"라며 우리는 영양 성분은 부족하고 칼로리만 높은, 입에서만 맛있는 음식의 유혹에 굴복한다. 퇴근 후 매일 맥주 두 캔을 마신다는 친구는, 치열하게 산 하루를 마무리하고 집에 오면 그렇게 공허할 수가 없다고 한다. 그럴 때 치킨과 맥주로 마음을 달래야 잠이 온다고 말하는 그를 보면서, 오늘 하루 고생한 나에게 주는 선물이라며 토닥토닥이 아닌 통닭통닭으로[9] 스스로를 위로하는 이름 모를 그들을 떠올리게 된다. 굶주림을 극복하고자 생존을 위해, 즉 '살기 위해 먹어야 했

던 시대'를 지나 다양한 맛을 즐기며 넘쳐나는 맛있는 음식을 경험하고 향유하는 '먹기 위해 사는 시대'가 온 것이다.

더구나 요즘 유행하는 먹방도 부족해 폭방(더 많이 먹는 요령을 보여주는 방송)이 이런 분위기를 고조시킨다. 「허핑턴포스트」는 먹방Muk-bang을 고유명사로 지칭하며 "한국의 먹방 쇼는 많은 양의 음식을 먹는 데서 오는 즐거움만 보여주는 '푸드포르노'"라고 했다고 한다. 식욕을 비정상적으로 자극하는 데 초점을 맞춘 말이다. 대접에 가득 담긴 냉면을 흡입하는 모습에 열광하고, 쟁반만 한 크기의 돈까스를 먹는 모습에 환호하는 지금, 외국에서

는 오히려 신선하고 건강한 샐러드를 먹는 방송이 인기라고 한
다. 다시금 생각해볼 문제다. 음식으로 건강 스펙을 쌓을 수 있
다. 그렇게 깐깐하게 골라먹는 푸스펙족(푸드스펙의 줄임말)이 되
어야 한다.

비단 내 주변의 이야기만은 아닐 것이다. 신기하게도 음식의
유혹에서 벗어나 운동과 식이요법을 통해 몸을 관리하려고 마
음먹으면 꼭 그달엔 행사가 많다. 사회생활을 하다보면 필히 참
석해야 할 자리가 있다. 대인관계를 생각하면 주는 음식을 거절
하기도, 술잔을 내려놓기도 애매할 때가 있다. '일주일에 한 번
은 괜찮겠지'라는 생각으로 그동안 고생한 자신을 위해 "하루는

몸이 답이다

이렇게 먹어도 돼"라며 음식을 꾸역꾸역 집어넣는다. 그리고 어차피 이렇게 무너진 거 "에라, 모르겠다. 맛있게 먹으면 살이 안 찐다는데 그냥 먹자"라며 스스로를 무장해제시키고 폭주한다. 그리고 다음 날 아침, 띵띵 부은 얼굴을 보며 후회한다.

폭식과 폭음이 몸을 관리할 때 굉장히 좋지 않다는 것을 모르는 사람은 없다. 그런데 우리는 왜 알면서도 이런 악순환의 고리를 끊지 못하는 걸까? 당신의 몸은 당신이 어떻게 살고 있는지를 고스란히 보여주는 기록계이다. 흔들리지 않고 피는 꽃이 어디 있으랴. 먹지 않는데 찌는 살이 어디 있으랴.

"심리적인 어려움을 피하거나 잊어버리고자 음식으로 탈출구를 찾는 경향이 있다." 서울백병원 정신건강의학과 김율리 교수의 말이다. 적당히 넘어가는 자기 합리화에서 벗어나자. 적어도 건강에 관해서만큼은 타협하지 말자. 지금의 나는 규칙적인 생활과 꾸준한 운동, 충분한 수면, 그리고 식습관을 조절하고 있다. 굶어서 빼는 다이어트는 한 번도 해본 적이 없다. 매 끼니를 거르는 법도 없다. 밤늦게까지 작업을 하다가 배가 고프면 바나나와 삶은 계란으로 배고픔을 달랜다. 다행히 충분히 맛있다고 느낀다. 물론 가끔씩 휘핑크림이 잔뜩 올라간 달달한 음료나 맵고 자극적인 음식에 흔들리기도 한다. 그럴 땐 간단하다. 먹은 만큼 운동을 한다. 먹기 위해 운동한다는 말도 있지 않은가? 에너지원으로 사용되고 남은 열량이 몸에 누적되는 것은 당연하다. 적당히 먹든가, 먹었다면 움직여 그 열량을 소비해야 한다.

운동도 의무감으로 한다기보다 생활의 일부가 되었기에 기쁘게 하고 있다. 충분한 휴식을 취하기에는 빠듯한 하루지만, 그래도 틈틈이 컨디션을 조절하기 위해 힘쓴다. 그래서인지 적정 체중을 잘 유지하고 있다.

이렇게 좋은 습관은 다 운동을 시작한 덕분에 가지게 되었다. "운동을 하면 뭐가 달라지는지 아세요?"라고 물었던 트레이너의 질문이 생각난다. 허리 통증과 사고 후유증으로 고생하던 시기였기에 "아프지 않게 되죠"라고 대답했는데, 그는 자신의 생각을 이렇게 정리해주었다. "운동은 강해지려고 하는 겁니다. 음식을 조절하는 사람, 운동으로 몸을 단련하는 사람, 살을 빼고 지속적으로 운동을 하는 사람들은 다 강한 사람이에요. 운동을 해서 몸의 에너지가 좋아지면 마음도 그에 따라 반응하고, 정신력이 강해야 자제하는 힘도 생기죠. 그래야 매사에 포기하지 않게 됩니다. 즉 운동은 여러 방면에서 강해지기 위해 하는 거예요."

그의 말을 듣고 아차 싶었다. 운동을 하면 강해진다고? 주변의 유혹을 물리칠 만큼 마음도 몸도 강해진다는 그 표현이 너무나 좋았다. 하긴 운동을 하면 그만큼 몸에 좋은 음식을 넣어주고 싶어진다. 저절로 음식에 대한 자제력이 생긴다. 칼로리가 제로인 음식은 없다. 다이어트를 할 때 많이 찾는 곤약도 100그램당 5칼로리다. 먹고 싶은 것을 다 먹는 것은 그렇게 재미있지 않다. 인생을 경계선 없이 살면 기쁨이 덜하다. "먹고 싶은 대로 다 먹을 수 있다면 먹고 싶은 것을 먹는 게 무슨 재미가 있겠는가?"라고 말한 영화배우 톰 행크스Tom Hanks의 말도 뼈가 있게 들린다. 여성들이여, 건강한 몸과 다이어트에는 왕도가 없음을 명심하자. 내일부터라는 말은 버려라. 하고자 하는 마음이 든다면 지금 당장 시작하자.

내 그대에게 말하노니, 일어서서 걸으라.
그대의 뼈는 결코 부러지지 않았으니.

잉게보르크 바흐만

신발 끈을
조여 매라

162센티미터. 한국 여성의 평균 키다. 딱 그 평균인 나는 큰 키가 아니기에 강의할 때 높은 굽의 구두를 신는다. 강의장에 단상이 있거나 극장 형식의 좌석 배치인 경우에는 상관이 없지만, 그렇지 않을 경우 뒤쪽에 앉아 있는 청중들과의 아이컨택에 어려움이 있다. 그래서 강의를 할 때는 최소 7센티미터 이상의 높은 신발에 탑승해야 모든 준비가 끝난 기분이 든다. 그런데 하이힐을 신으면 금방 피로감이 몰려온다. 두 시간 이상의 강의를 하고 신발을 벗을라 치면 좁은 구두 안에 꼬깃꼬깃 구겨져 있던 발가락들이 마비가 된 느낌이다. 누가 보든 말든 당장 구두를 집어던지고 맨발로 걸어가고픈 충동이 들 정도이다.

여성이라면 누구나 공감하는 부분이다. 옷 태를 살려주고 휜 다리도 더 예뻐 보이게 하는 효과 덕분에 여성들은 발가락의 고통을 감내하며 힐을 신는다. 신발에서 내려오면 자신감도 그만큼 낮아지는 기분이라고 표현하는 여자들도 적지 않다. 높은 구두 탓에 몸의 중심이 앞으로 쏠리며 무지외반증이나 족부근막염 등 발 건강이 위협받고 있고, 척추에 무리가 오는 경우도 많다. 그래서인지 좌석버스를 타거나 기차를 타면 통통 부은 발을 구두 위에 올려놓고 가는 여성들도 쉽게 만나볼 수 있다. 강의 시에도 여성들이 많은 장소에 가면 남몰래 신발을 벗고 강의를 듣는 청중을 자주 본다. 뾰족한 볼, 높은 굽은 걷기에도 앉아 있기에도, 아니 신고 있는 것만으로도 최악의 조건이다. 힐을 신고 위태롭게 걸어가는 여성들을 보는 것만으로도 내 몸에 힘이 들어가고 통증이 느껴진다.

발의 피로감은 전신으로 바로 전이된다. 그래서 강의가 끝남과 동시에 신발에서 내려온다. 이동 시에는 여분의 단화를 꼭 챙겨가지고 다니며, 강의하는 시간을 제외하고는 주로 운동화를 신는다. 운동화가 세상에서 가장 편하다. 햇볕이 좋고 미세먼지도 없이 쾌청한 날, 광합성의 욕구가 샘솟아도 구두를 신은 날이면 걷는 것을 포기하게 된다. 발이 아플 것을 알기에 지레 겁을 먹고 걷기 대신 벤치에 앉아 수다를 떠는 것으로 위안을 삼는다. 안 그래도 하루 종일 앉아 있거나 서 있어서 몸에 무리가 오는데, 구두를 신고는 걸을 엄두가 나지 않기 때문이다.

기회가 있을 때마다 발이 해방감을 맛볼 수 있는 편안한 운동화를 신고 신발 끈을 조여 맨 다음 밖으로 나가보자. 머리부터 발끝까지 건강을 챙기는 가장 손쉽고 저렴하고 완벽한 방법이 바로 걷기다. 답답한 공간에서 벗어나 시원한 바람을 느끼며 단 10분만이라도 걸어보자. 걷다보면 복잡한 상념도, 골치 아픈 고민도 잠시 사라지면서 에너지가 증가됨을 느낄 것이다. 신선한 공기를 마시고 햇빛을 받으며 걸으면 자율신경 작용이 원활해지면서 스트레스가 감소한다. 우울감 해소에도 도움이 된다. 실내에서 트래드밀을 이용해 걸을 때도 혈액순환이 원활해지면서 뇌에 자극을 주어 기분전환의 효과가 있다. 토머스 제퍼슨Thomas Jefferson 역시 "걷기는 최고의 운동이다. 멀리 걷기를 습관화하라"고 말했다.

나는 일이 잘 풀리지 않을 때, 업무와 관련해서 아이디어가 떠오르지 않을 때, 개인적인 일로 스트레스를 받을 때 운동화를 신고 일단 밖으로 나간다. 그리고 집 근처 공원이나 산에 올라간다. 한 시간 이상 걷거나 뛰다보면 몸도 한결 개운해지고, 그토록 풀리지 않던 일도 실마리가 풀리거나 결정적인 단서를 찾게 되어 후련한 마음으로 돌아오곤 한다. 걷기는 운동신경이 있든 없든 누구나 할 수 있다. 특히 점심시간이나 출퇴근 시간을 활용해서 할 수 있기에 시간과 장소, 그리고 경제적인 부담 없이 하고자 하는 마음만 있으면 당장 시작할 수 있는 운동이다. 매일 30분만 걸어도 30년은 젊게 살 수 있다고 할 정도로 걷기는 건강 증진에 도움을 준다.

그래서 나는 걷는다. 그리고 달린다. 한 달에 한 번 정도 마라톤 참가를 목표로 5킬로미터를 꾸준히 달리고 있다. 처음에는 달리기만큼 지루하고 힘들며 재미없는 운동이 또 있을까 싶었다. 하지만 동반주로 함께 달려준 한국CEO연구소의 강경태 소장님 덕분에 달리기의 즐거움을 느끼게 되었다. 지금은 UTRK Ultra Trail Running Korea의 멤버로 참여하며 일주일에 두 번 정도 체계적인 훈련을 꾸준히 받고 있다. 덕분에 좋은 사람들과 함께 러닝의 매력을 알아가고 있다. 멤버 모두 자신의 일과 건강, 그리고 삶의 균형을 잡아가는 멋진 사람들이다. 하는 일도 모두 다르고 연령대도 상이하지만, 건강의 중요성을 알고 있는 사람들과의 대화와 훈련은 언제나 신선한 자극을 준다.

어느 날 훈련을 마치고 함께 이야기를 나누게 되었는데, 누군가가 달리기를 하면서 인생을 배웠다고 말했다. 그 뒤로 비슷한 말들이 이어졌다. 농담처럼 웃으며 나눈 말이지만 마라톤 안에 희로애락이 모두 들어 있다는 이야기부터 마라톤만큼 정직한 운동은 없는 것 같다는 말까지, 달리기에 대한 저마다의 생각과 철학, 애정을 표현했다. 연습한 만큼, 땀 흘린 만큼 심장박동은 안정적이 되고 기록은 단축된다. 이 과정에 요행은 없다. 누군가 대신 해줄 수 있는 것도 아니다. 스스로 극복하고, 그 경계를 넘어서야 한다. 그래야 발전이 있다. 딱 노력한 만큼 결과가 나온다. 그래서 좋다.

삶의 어려움을 극복하는 과정에서 숨이 막히고 한 발자국 내딛기가 힘들 정도의 한계에 다다르지만 그럼에도 힘을 내어 살아가는 삶처럼, 마라톤 역시 심장이 터질 듯이 요동치는 속에서도 멈추지만 않으면 완주를 할 수 있다. 더딜지라도 꾸준히 노력하면 어제보다 한 발 더 앞서가는 것은 인생과 마라톤이 닮아 있는 부분이다. 그래서 더 달리기를 사랑하게 되었다. 눈이 오면 눈이 와서 좋고, 추우면 알싸한 느낌이 있어서 좋고, 바람이 부는 날은 귓가를 스치는 바람을 느껴서 좋다. 이래도 저래도 다 좋아서 나는 오늘도 달린다. 러닝을 하는 사진 속의 나는 항상 밝게 웃고 있다. 그 모습을 본 SNS 친구가 '#세상밝은러너'라는 애칭을 붙여주기도 했다.

　나에게 달리기의 즐거움을 맛보게 해준 UTRK에서는 오픈런과 '모두의 트레일런'을 통해 멤버가 아닌, 처음으로 러닝과 트레일 러닝을 접하는 사람들에게도 좋은 경험의 기회를 제공하고 있다. 새로운 경험을 할 때 곁에서 힘을 실어주고 함께해주는 좋은 사람들이 있다는 것은 매우 즐거운 일이다. 나는 이 책을 통해 여성들에게 건강하고 아름다운 몸을 관리하는 마중물과 같은 역할을 하고 싶다.

　인간의 근육은 움직이기 위해 디자인되었다. 오래 앉아 있는 사람들일수록 걷기나 가벼운 조깅은 척추를 숨 쉬게 하는 가장 쉽고 빠른 방법임을 알고 실천해야 한다. 척추는 신체의 중심이자 우리 몸을 지탱하는 뼈대이다. 특히 척추는 움직임이 제한되고 가만히 앉아 있는 시간이 길어질수록 수분과 산소가 원활히 공급되기 어렵다. 이런 척추가 숨을 쉬게 하기 위해 '걷기'만큼 좋은 방법은 없다. 걷는 것만으로도 여러 관절과 다양한 근육이 움직이며, 자연스럽게 본래의 S라인을 유지하게 된다. 그래서 평소에 부피가 작은 편안한 신발을 사무실에 놔두거나 가방에 넣어가지고 다니는 것을 추천한다. 반으로 접어서 보관할 수 있는 단화들도 나와 있다. 그러니 걷고 느껴보자.

걷기와 달리기는 '건강한' 체력, '해냈다'는 성취감까지 맛볼 수 있음은 물론, 체지방 감소를 통한 체중 감량에도 효과가 있는 좋은 운동이다. 허준의 『동의보감』에 "약보藥補보다 식보食補가 낫고, 식보보다 행보行補가 낫다"는 말이 있다. "좋은 약을 먹는 것보다 좋은 음식을 먹는 게 낫고, 좋은 음식을 먹는 것보다 움직이는 것(걷기)이 더 좋다"는 뜻이다. 즉 무엇보다 움직이고 걷는 일이 건강에 가장 좋다는 것으로, 신체 능력이 감소하는 것은 운동 부족과 잘못된 식습관이 축적된 결과일 뿐이다. 여성들이여, 건강한 신체는 긁지 않은 복권이다. 하고자 하는 모든 것을 가능하게 해주는 건강을 위해서 지금 당장 신발 끈을 조여 매라. 그리고 밖으로 나가 당신의 몸을 디자인하라.

유산소운동의 효과

- 심박수와 혈압을 낮춰주고 혈액순환이 원활해진다.
- 심장과 폐가 튼튼해진다.
- 체지방 감소를 통한 체중 관리에 효과적이다.
- 스트레스를 감소시켜 심신을 안정시킨다.
- 심혈관질환, 당뇨병, 고지혈증 등 성인병의 예방과 치료에 효과적이다.

몸을 만들고 싶다면 말로 떠들지 말고
30분이라도 체육관으로 가서 몸으로 떠들어라.

제이슨 스테덤

명품백 대신
케틀벨을 들자

　나는 목과 허리 통증으로 인해 매사에 몸을 조심하는 건강염려증이 최고 정점에 달했을 때 케틀벨을 만났다. 지금은 '사랑에 빠졌다'는 표현이 지나치지 않을 정도로 좋아하는 운동이 되었다. 케틀벨kettlebell은 링 웨이트ring weight라고도 하며, 쇠로 만든 공에 손잡이를 붙인 중량 기구로 소의 목에 다는 벨과 모양이 유사하다. 영화 〈300〉에 출연한 배우들의 멋진 몸을 오로지 케틀벨을 이용해 단련했다고 해서 유명세를 타기도 했다. 우리나라에 도입된 지 15년 정도 되었으나 아직도 케틀벨 운동이라고 이야기하면 생소하다는 사람들이 적지 않다.

　나 역시 3년 전 케틀벨과 기능적인 운동을 접했을 때의 어색함을 잊을 수 없다. 내게 처음으로 운동을 지도해주었던 권영호 트레이너가 1대 1 PT 스튜디어 센터를 열었다는 소식이 들려왔다. 그 당시 운동이 필요했던 나는 그를 만나기 위해 새로 오픈한 센터를 방문했다. 그곳은 이전에 운동했던 헬스클럽과는 달리 기구가 별로 없었다. 휑한 느낌도 들었다. "여기서 어떤 운동을 해요?"라고 물었을 때, 그가 맨몸 운동과 함께 케틀벨을 활용한 운동을 소개해주었다. 그사이에 SFGStrong First Girya 지도자 자격증을 취득하고, 사람의 기능적인 움직임 회복과 관련된 공부를 많이 한 모양이었다.

센터 중앙에 검은색 종 모양의 기구가 놓여 있었다. 검은색에 분홍색, 노란색, 초록색 등의 띠가 둘러져 나란히 놓여 있는 모습이 귀여웠다. 앙증맞은 크기의 분홍색 케틀벨을 집어 들었는데 무게가 상당했다. 8킬로그램, 16킬로그램, 24킬로그램 등 올망졸망한 모양에 비해 중량이 꽤 나가는 기구였다. 무게에서 오는 부담이 상당했기에 나는 해보기도 전에 이 운동은 나랑 맞지 않는 것 같다고 말했다. 그러자 권 트레이너는 케틀벨을 이용한 운동이 허리 강화는 물론이고 몸의 올바른 기능을 회복시켜주는 데 좋다고 소개했다. 또한 시간 대비 운동의 효율성이 매우 높은 편이라고 하면서, '작은 체육관'이라고도 불리는 케틀벨 운동법을 제대로 익히면 언제, 어디서든 몸을 단련할 수 있다고 말했다.

케틀벨을 이용한 운동을 시작하기 전, 매트 위에서 기본적인 동작을 한 달여 이상 배웠다. 움직임이 조금 더 편안해지고 힘을 제대로 주는 방법을 배우는 동안 트레이너는 운동의 원리와 효과에 대해 체계적으로 설명하면서 정확한 자세를 알려주고, 안정적인 자세가 나올 때까지 반복해서 잡아주었다. 몸의 기능이 바로잡힌 후 데드리프트부터 시작해 스윙swing을 위한 기초 동작을 구분해서 진행했다. 스윙 동작을 할 때는 초반에 애를 먹었다. 사고 후유증이 남아 있는 상태라서 겁도 났고, 무리가 되지 않을까 조심스러웠다. 건강이 바닥을 쳤을 때, 그렇게 나는 케틀벨을 만났다.

권 트레이너는 무거운 추를 흔드는 과정에서 무게의 저항을 받으며 여러 근육조직이 단련된다고 했다. 케틀벨 운동에서 가장 기초적이면서도 중요한 운동이 바로 스윙이다. 스윙은 우선 다리를 어깨너비보다 조금 넓게 벌린 후, 몸 앞쪽에 놓인 케틀벨을 양손으로 잡는 동작부터 시작한다. 케틀벨을 내 몸 쪽으로 끌어오며 다리 사이 뒤로 보냈다가 그 힘과 반동으로 들어 올리며 엉덩이와 허벅지, 복부에 강한 힘을 주어 긴장이 풀어지지 않도록 한다. 처음에는 그 동작이 너무 어려웠다. 운동을 배우고 온 다음 날이면 목 뒤쪽부터 허리까지 많이 당겼다. 교통사고 이후에는 운동하고 난 다음 찾아오는 근육통마저도 사고로 인한 통증처럼 느껴져 불편했다. 하지만 트레이너를 믿고 계속 노력했다.

그렇게 건강을 위해 시작한 꾸준한 행동이 쌓여 내가 변했다. 건강해졌고 활기가 넘친다. 몸매는 더 예뻐졌고, 열량 소비가 커서인지 많이 먹어도 살이 붙지 않는다. 몸이 아프면 삶에도 변화가 일어난다. 내 경우에는 아픈 몸을 데리고 살 때는 삶도 점점 힘겨워졌었다. 안 좋은 일은 정말 한꺼번에 밀려오는 듯 늘 가슴이 답답했고, 우울한 기분을 지울 수 없었다. 반면에 운동을 통해 강인한 체력을 가진 몸으로 변한 이후에는 많은 것을 긍정적으로 바라보게 되었고, 일도 공부도 사랑도 선순환이 일어나는 경험을 했다. 게다가 요즘엔 여성들에게 "멋있다"라는 말을 자주 듣고 있고, 심지어 케틀벨 여신, 원더우먼의 주인공 갤 가돗 같다는 이야기를 듣기도 한다. 모든 것이 케틀벨 덕분이다.

현대 사회를 살아가는 사람들은 매우 바쁘게 생활한다. 그럼에도 불구하고 사람들은 운동에 대한 생각을 늘 가지고 있다. 운동할 시간을 쉽게 낼 수 없기 때문에 건강해질 기회를 지레 포기해버리고 실천하지 못할 뿐이다. 나 역시 시간적 여유가 많지는 않다. 운동을 하러 가는 이동 시간에다 운동 후 샤워하고 다음 일정을 위해 준비하는 시간까지 합치면 두 시간가량의 여유가 필요하다. 나뿐만이 아니라 대부분의 직장인, 아니 현대인들은 운동할 시간도, 운동할 힘도 없고, 운동을 제대로 배운 적도 없으며, 운동할 만한 장소 또한 없다고 한다. 그저 없다, 없다, 없다는 핑계만 대고 있다.

그중 특히 '시간'이 부담으로 다가오는 경우가 많다. 케틀벨 운동을 하면서 가장 좋았던 점은 짧은 시간에 최고의 효과를 볼 수 있다는 것이다. 스윙을 20회씩 10세트하는 데 10분이 채 걸리지 않는다. 하지만 이 운동 후에는 심장이 터질 듯 뛰고 땀이 온몸을 뒤덮는다. 케틀벨은 짧은 시간 내에 운동량을 확보할 수 있으며, 몸의 힘이나 유연성, 지구력, 심폐기능 등 여러 가지를 한 번에 단련할 수 있는 기능적 운동이라는 확신이 생겼다. 바쁜 현대인들에게 이보다 더 좋은 운동이 어디 있겠는가? 케틀벨은 소리 없이 강한 도구다. 케틀벨 운동의 몇 가지 동작을 습득하면 집에서도 전신 근육을 골고루 발달시키며 충분히 건강을 관리할 수 있다.

시간이 없다거나 운동할 장소가 마땅하지 않다는 생각이 든다면 케틀벨을 들어라. 케틀벨만 두어 개 구입해서 제대로 된 자세를 익히면 어디서든 운동이 가능하다. 케틀벨 프레스와 원 레그 데드리프트, 케틀벨 더블 스쿼드는 집에서도 충분히 할 수 있는 동작이다. 나는 복근운동 100회와 스쿼트 200회씩을 하며 아침을 열고 케틀벨을 이용해 몸을 관리한다. 이만하면 정말 '케틀벨에 반했다'는 표현이 거짓이 아님을 알 수 있을 것이다.

가끔 20킬로그램 케틀벨 스윙을 하는 영상을 보고 지인들이 놀란다. 이 무거운 걸 어떻게 드는지 궁금해한다. 케틀벨은 강해지기 위해 하는 운동이다. 나는 케틀벨을 3년 넘게 꾸준히 가까이해왔다. 체력적으로 힘들지만 운동 후 달라진 자신을 대면했기에 절대 멈추지 않을 것이다.

몸을 만들고 싶다면, 건강해지고 싶다면 입으로 떠들며 백 날 다짐만 하지 말고 몸을 움직여야 한다. 좋아하면 알고 싶어지고, 알고 싶어지면 하게 된다. 즉 행동이 강화된다. 내 경우에는 몸을 움직이며 건강해졌고, 건강해지다보니 그 원리가 궁금했다. 운동에 대해 더 알고 싶어졌고, 그래서 배우기로 결심했다. 그 덕분에 인간 본연의 움직임을 익히고 잃어버린 몸의 기능 회복을 위해 통합된 움직임 체계인 GFMGround Force Method Level1 자격증을 취득하게 되었다. 자격증 코스를 신청한 사람 중 피트니스 관련 업계 종사자가 아닌 사람은 나를 포함해 두 명뿐이었다.

건강한 몸이 뒷받침되어야 인생에서 좋아하는 것이라면 무엇이든 즐길 수 있게 된다는 진리를 알기에 스스로의 몸을 관리해야겠다는 마음으로 최선을 다했고 테스트에 합격했다.

다음번에는 케틀벨 지도자 자격증인 SFG Level1에 도전하려고 한다. "움직임이 없는 삶은 죽은 것과 다름없다"는 파워존 윤우채 대표의 말처럼 잘하려고 하기보다 즐겁게 하려고 노력하며, 운동을 통한 삶의 변화를 맛본 나로서는 그만할 수도 없고, 그만하기도 싫다.

운동을 왜 하느냐고? 행복해지기 위해, 내가 살아 있음을 증명하기 위해 한다. 너무 좋으니까 운동에 반했고, 케틀벨에 빠졌다. 그리고 지금은 핸드백을 들고 있는 내 모습보다 케틀벨을 들고 있는 내 모습을 보는 게 더 좋다. 케틀벨은 최고의 패션 아이템이다. 건강과 아름다움을 함께 이루고 싶다면 여성들이여, 백 대신 벨을 들어보자.

몸이 답이다

3장

바로 살기

몸과 마음을 바르게 살려야 삶이 바로 선다

YOU
CHANGE
WHEN
YOUR BODY
CHANGES!

내 신체에 감사하는 것이
자신을 더 사랑하는 열쇠임을 비로소 깨달았다.

오프라 윈프리

자기 몸을
긍정하라

길을 가던 중 스포츠 의류 매장 앞에서 걸음을 멈췄다. 쇼윈도 너머로 보이는 마네킹에 시선을 빼앗긴 것이다. 그 마네킹은 보통의 것과는 사뭇 다른 자태로 자신의 존재감을 드러내고 있었다. 배가 많이 나온 탓에 마네킹에게 입혀둔 점퍼가 잠기지 않고 벌어져 있었던 것이다. 불룩 나온 배에 작은 키, 짧은 팔과 다리를 가진 친근한 느낌이 드는 마네킹이었다. 함께 걷던 친구와 누가 먼저라고 할 것도 없이 "어머, 이건 찍어야 해!"라며 현실감 넘치는 마네킹 사진을 카메라에 담았다. 주먹만 한 머리에 족히 9등신은 되어 보이는 마네킹보다 훨씬 호감이 갔다.

새로운 단어나 처음 보는 것에 대한 호기심이 강한 나는 궁금증이 발동했다. 혹시나 하는 마음에 '현실감 있는 마네킹'으로 검색엔진에 검색어를 입력해봤다. 그러자 여러 사진과 함께 2017년 8월 명동에서 열린 '몸 다양성' 보장을 위한 퍼포먼스에 대한 기사가 눈에 들어왔다. 사진에 등장한 마네킹은 그날 본 것처럼 일반적인 마네킹보다 키도 작고 배도 나오고 팔다리도 짧았다. 다양한 실제 여성의 체형을 본떠 만든 '커스텀 마네킹'이라고 했다. 행사에 참여한 사람들은 "문제는 내 몸인가, 마네킹인가"라는 구호를 외치면서 규격화된 잘록한 허리와 늘씬한 다리, 날씬한 배를 가진 쇼윈도의 일반 마네킹이 표준 체형과 동떨어져 있음을 보여주며, 완벽한 몸에 대한 잘못된 기준에 대해 비난하고 있었다.

그 기사를 보면서 마네킹이 입고 있는 옷이 마음에 들어 내 몸에 걸쳐봤다가 길이도, 옷의 느낌도 살지 않아 '같은 옷이 맞아?'라는 생각을 하며 짧은 내 팔과 다리를 탓했던 경험이 떠올랐다. 지금보다 '키가 컸다면', '가슴이 조금 더 풍만했다면', '허리가 더 잘록했다면' 등 가지지 못한 것에 대한 아쉬움 때문에 계속해서 자신의 신체를 비하하게 된다. 외부의 기준에 따라 몸을 수정하고, 스스로를 평가하며, 자신에게 깊은 상처를 남긴다. 이처럼 몸은 수시로 변화를 종용당하는 신세로 전락했다. 몸은 우리의 정신이 깃들어 있는 곳이자 영혼의 안식처다. 본연의 모습만으로도 귀한 존재임을 망각해서는 안 된다. 그래서는 결코 행복할 수 없다.

쇼윈도 너머로 봤던 마네킹과 '몸 다양성' 보장에 관련된 기사가 주는 시사점에 대해 다시 생각해보자. 우리는 '자기 관리'라는 미명하에 마네킹과 같은 몸매를 요구하며, 외모 차별과 개인 소외를 합리화하는 사회에서 살고 있다. 개개인의 매력과 개성이 말살된 채 타인의 시선에 의해서 인식되는 S라인에 늘씬한 다리와 같은 미의 기준에 스스로를 맞추는 삶은 하루하루 참 힘들고 피곤함의 연속일 수밖에 없다.

우선 외모에 대한 잘못된 인식의 개선이 이루어져야 한다. 완벽한 외모와 몸매에 붙는 '마네킹 몸매', '바비 인형'이란 수식어는 어떤 기준에서 나온 말이며, 누가 그것을 제시하고 있는가? 당신은 거울에 비치는 자신의 몸에 과연 만족하고 있는가? 이런 문제의식 없이 각종 미디어와 광고의 홍수 속에서 각종 매체가 제시하는 미의 기준을 당연하게 받아들이며 살고 있지는 않은가? 그뿐만 아니라 미디어에 의해 만들어진 비현실적인 미의 기준을 바탕으로 '내 몸은 아름답지 않다'는 부정적인 메시지를 스스로에게 계속 보내며 스트레스를 유발하고 있지는 않은가?

나도 그런 스트레스에서 결코 자유롭지 않았다. 몸에 비해 두 꺼운 허벅지로 고민했고, 납작한 엉덩이로 스트레스를 받았으며, 살짝 휜 종아리 때문에 늘 곧은 다리를 가진 사람들이 부러웠다. 그 와중에 무릎부터 발목까지의 길이가 무릎 위부터 허벅지까지보다 많이 짧은 숏 다리라서 슬펐다. 골반이 작은 탓에 허리가 있음에도 통자로 보여서 라인이라고는 찾아볼 수 없는 내 몸이 싫었다. 사회에서 제시하는 미의 기준에 도달하기 위해 키가 커지는 수술을 할 수도, 엉덩이에 보형물을 넣는 수술을 할 수도 없다. 그저 다시 태어나는 게 가장 빠른 방법이라고 생각했던 적도 있다. 타인의 몸, 특히 여성의 신체에 대해 혹독하게 미적 억압을 하는 세계에서 과연 100퍼센트 자신의 몸에 만족하는 사람이 얼마나 될까?

우리가 아름다운 몸매가 될 수 없는 이유를 찾자면 끝이 없다. 각양각색, 천차만별인 사람 수만큼 타고난 몸의 모양도 다양하다. 그런데 완벽한 몸에 대한 하나의 기준이 세워지면 그렇지 않은 몸은 모두 고쳐야 하는 오답이 된다. 더불어 기준에 맞도록 고칠 수 없는 부분은 단점의 집합으로만 남는다. 이분법적 이데올로기가 발생하는 것이다. 그래서 나는 필요 이상으로 높은 굽의 구두로 작은 키를 보완하려고 했다. 휜 종아리가 콤플렉스였기에 종아리를 압박붕대로 감고 잠을 잤으며, 엉덩이 뽕으로 빈약한 엉덩이를 감추려고 했다. 존재 자체를 감추고, 보완하고, 고쳐야 할 오답 인생으로 살았던 것이다. 우리 사회가 제시한 미적 기준에서 철저히 소외된 그때 자존감도, 자신감도 바닥을 쳤었다.

너무 살이 쪄서, 너무 말라서, 키가 작아서, 배가 나와서, 신체비율이 좋지 않아서 "나는 정답이 될 수 없다"고 스스로를 비하하며 자신의 몸을 사랑하지 않는 사람이 어떻게 행복할 수 있겠는가? 신체 조건에 따라, 체질에 따라, 환경에 따라 아름다운 신체에 대한 기준이 달라져야 한다는 걸 조금 더 일찍 알았더라면 어땠을까?

아름다움의 기준은 타인이 아닌 자신이 찾는 것이다. 몸과 마음의 건강 밸런스를 잘 유지하는 상태가 외면도 내면도 아름다울 수 있다. 외면적인 조건에 나를 끼워 맞추려는 노력보다 내가 나를 존중하려는 마음가짐이 필요하다. 무엇보다도 타인의 존중을 받는 것 이전에 내가 나를 사랑해야 한다. 더불어 지금의 이상적인 몸이라고 말하는 아름다움의 기준에 맞는 몸이라고 해도 그것이 건강을 보장하지는 않는다는 것도 깨달아야 한다.

다행히 최근에는 소셜미디어를 통해 우리에게 각인된 하나의 이상적인 보디 이미지로 착각해왔던 미의 기준이 무너지고, 다양한 포괄적인 눈을 가진 사람이 많아지고 있는 추세다. 일명 자기 몸 긍정하기 운동body positive movement이 확산되고 있는 것이다. 현재의 자기 몸을 긍정하며 살자는 주장을 담은 이 운동은 성별, 나이, 피부색을 벗어나 있는 그대로의 자신을 사랑하자는 의미로 사용되고 있다. 그렇다고 해서 있는 그대로를 사랑하라는 말을 자기 자신에게 애착한다는 나르시시즘narcissism과 동의어로 받아들여선 안 된다. 건강을 해칠 정도로 뚱뚱해진 모습을 방치하는 그대로가 아름답다고 하는 것이 결코 아니다. 미국의 보디 포지티브 캠페인 브랜드의 창립자 디자이너 맬로리 던 역시 여러 매체를 통해 "보디 포지티브가 1년 365일 자기 자신을 아름답고 대단하다고 느껴야 하는 것은 아니다. 보디 포지티브는 불가능한 미적 기준에 자신을 끼워 맞추지 않는다는 것이지 자기 외모의 모든 측면에 경탄해야 한다는 것은 아니다"라고 말한다.

　이처럼 아름다움의 기준을 외부의 눈이 아니라 자신에게서 찾고, 자신의 몸을 존중하는 건강한 마음을 지닌 사람이 있다. 정말 함께 있는 것만으로도 행복한 기운을 전달하는 그녀는 바이탈 커뮤니케이터로 활동하는 『내 안의 거인』의 저자 김진향 작가다. 언제나 따뜻한 에너지로 사람을 편하게 해주는 너무나 좋아하는 동생으로, 그림과 노래, 사업 등 다방면에서 뛰어나 본받을 점이 많다. 김진향 작가는 예전에 모델로도 활동했을 만큼 큰 키에 마른 체형을 가지고 있다. 언젠가 함께 차를 마시던 중 검은색 반팔 티셔츠를 입은 그녀가 그날따라 유독 말라보여 "살 좀 쪄야지"라고 했다. 그러자 그녀가 "언니, 저는 제 몸이 너무 좋아요!"라고 대답하며 활짝 웃었다.

그녀는 거울을 볼 때마다 자신을 유심히 관찰하며 들여다본다고 하면서, "다들 '너무 말랐다. 심지어 징그럽다'라고 하지만 충분히 잘 먹고 잘 자고 틈틈이 운동하며 건강을 유지하기에 타인의 시선은 참고만 할 뿐 자신을 사랑하는 마음에는 변함이 없다"고 이야기했다. 그 순간 그녀가 더 반짝반짝 빛나 보였다. 그렇다. 우리는 우리 자체로 완벽한 존재라는 것을 깨닫고 스스로를 사랑해야 한다. 자신의 몸을 긍정하고 더 건강한 상태에 놓일 수 있도록 하는 노력이 동반될 때 우리는 더 빛날 수 있다. 모든 몸은 존중받아야 한다. 자신의 몸을 있는 그대로 존중하는 사람에게는 당당하고 긍정적인 에너지가 있다.

예전의 나는 몸의 소리에 귀 기울이기보다 타인의 시선을 신경 쓰다가 높은 구두로 인해 무릎과 허리 통증을 경험했고, 종아리를 압박한 탓에 혈액순환에 문제가 생겨 다리 저림 현상으로 깊은 잠을 잘 수 없었던 시기를 보냈다. 외부에서 제시하는 아름다움의 기준에 도달하려 애썼지만 결국 건강을 잃을 뻔한 경험을 했다. 이처럼 스스로를 무기력하게 했던 왜곡된 신체 이미지를 운동을 통해 바로잡을 수 있었다. 운동을 통해 성취감을 느낄수록 자신감이 생겼고, 몸이 변화될수록 자존감은 올라갔다. 그러면서 지금 그대로의 나를 온전히 바라보고 존중하는 마음을 가지게 되었다. 몸을 긍정하고 인정하고 사랑하면서부터 내면의 공허함이 자신감으로 충만해졌고, 강의도 일도 사랑도 술술 풀려나갔다.

한 예로 우리나라를 대표하는 ○○기업 그룹의 각 계열사 신임 사장단을 대상으로 강의를 한 적이 있었다. 사장단을 위한 강의여서인지 담당자들은 강의 설계 시부터 여러 차례 의견을 조율했고, 단어 하나까지 세심하게 체크했다. 지금까지 많은 강의를 진행해왔던 나로서도 준비 단계부터 기억에 남는 강의였다. 담당자는 엄숙하고 무거운 분위기일 수 있으므로 당황하지 말라는 당부도 함께 전해왔다. 강의가 있던 날, 준비를 위해 연회장으로 들어갔다. 대부분의 임원이 착석해 있는 상태였다. 담당자의 우려와는 달리 웃으며 먼저 인사를 건네주시는 분이 많았고, 열린 마음을 가진 리더들 덕분에 매끄럽게 강의를 진행하며

의미 있는 시간을 보낼 수 있었다. 좋은 분위기 속에서 강의가 끝나고 한 분이 악수를 청해왔다. 강의장에 걸어 들어오는 모습이 참 당당해 보였다고 말씀을 건네주셨다. 분위기에 짓눌리거나 의기소침하지 않고 어깨와 가슴을 쫙 펴고 성큼성큼 걸어오는 모습을 보며 '저 사람 강의 잘하겠다'고 생각했다고 한다. 의도한 적도 없고, 의도적으로 포장할 수도 없는 에너지가 몸에 대한 긍정과 자신을 사랑하는 마음에서부터 배어나온 덕분에 들을 수 있었던 긍정적인 피드백이었다.

몸이 아팠던 시기에는 통증을 일으키는 내 몸이 너무나 싫었다. 아픈 몸을 부정하며 교통사고 난 사실을 원망했고, 왜 하필

나에게 이런 일이 생겼을까 자책하며 내 몸을 존중하지 않았다. 모든 일의 책임을 운이 없는 나에게 돌리며 스스로를 괴롭혔다. 몸의 상태가 마음과 연결되기에 강의에도 온전히 집중할 수 없었다. 청중의 기에 눌려 말을 더듬거나 '내가 지금 무슨 말을 떠들고 있는 거지?'라는 생각이 들 만큼 횡설수설했던 적도 있었다. 등장부터 청중은 강사의 기운을 느낀다. 그것을 일종의 기싸움이라고 표현하는 사람들도 있다. 사실 강의뿐 아니라 모든 만남에서 첫인상은 매우 중요하다. 외적인 생김새를 떠나 건강하고 긍정적인 기운은 보는 이로 하여금 매력을 느끼게 한다. '자기 몸 긍정하기'는 나아가 '내 삶 긍정하기'로 연결된다는 것이 나의 결론이다. 삶은 결국 몸을 통해 실현되기 때문이다.

단 한 번뿐인 삶을 강조하고 '욜로라이프yolo life'(You Only Live Once의 약자로 '인생은 한 번뿐이다'라는 뜻)를 외치며 마음껏 먹고 소비하고 향유하는 것과는 다르다. 대책 없는 '욜로'는 골로 가는 지름길이다. 욜로라이프를 외치기 전에 자신의 몸을 긍정하고, 그 기운이 널리 전해지도록 노력하자.

지금도 나는 가장 아름다운 순간이 가장 오래 지속될 수 있도록 운동을 한다. 많은 것을 경험하고 느끼기 위해 건강이 얼마만큼 중요한지 잘 알고 있기 때문이다. 여전히 내 모습을 사랑하고 긍정한다. 10년 혹은 20년 후, 나이가 들더라도 운동을 멈추지 않을 것이다. 나이를 먹어서 운동을 못 하게 되는 것이 아니라, 운동을 하지 않아서 나이를 먹게 되고 영혼에 주름이 진다고 믿기 때문이다.

타고난 체질과 체형을 바꿀 수는 없지만, 체력을 키우며 몸매를 디자인하는 것은 운동을 통해 충분히 가능하다. 그리고 그 과정에서 내면이 충만해짐은 자연스럽게 이루어지는 창조적 결실이다. 여성들이여, 당당하게 자신의 매력을 드러내라. 타인의 시선으로 만들어진 정형화된 미의 기준을 버리고 남이 아닌 나를 위해 건강한 몸, 아름다운 몸을 추구하자. 몸에 대한 긍정적인 마음이 신체적이든 정신적이든 자존감을 한층 높여주며, 자신이 얼마나 더 매력적일 수 있는지 보여줄 것이다.

시작하기 위해 위대해질 필요는 없지만
위대해지려면 시작부터 해야 한다.

레스브라운

다이빙대에
뛰어들어라

아끼는 후배가 있다. 그는 취업진로 분야에서 두각을 나타내는 강사다. 자신이 강의를 시작하고 학생들을 만나며 보람을 느낄 수 있게 된 것은 5년 전 한 모임에서 내게 들은 말 덕분이라고 했다. 은행에서 근무하며 자신의 커리어를 쌓아가던 중 갑작스레 '강사'라는 꿈이 생겼는데, 그 당시 직장을 그만두고 어떤 강의를 할 수 있을지, 또 어떻게 시작해야 할지 몰라 막막했다고 한다. 그러다가 우연히 참석한 모임에서 옆 자리에 앉아 있던 나에게 "강사가 되고 싶어요. 어떻게 하면 강사가 될 수 있나요?"라고 질문한 것을 통해 인생이 바뀌었다는 것이다. 그때 내가 어떻게 대답했는지 지금도 기억한다. "그냥 하면 돼요." 어찌 보면 무성의한 답변처럼 들릴 수도 있었겠지만 그는 그 말에 시작할 용기가 생겼다고 했다. 당시 그에게는 직업을 바꾸는 것 자체가 일종의 도전이었고, 도전하기 위해 용기가 필요했는데 '그냥 시작하세요, 뛰어드세요'라는 뜻의 말에 힘을 얻었다는 것이다.

"시작하는 방법은 그만 말하고 이제 행동하는 것이다"라는 월트 디즈니Walt Disney의 말처럼 '그냥 시작하는 힘'만큼 새로운 일을 할 때 주저함과 두려움을 덜어주는 것은 없다. 인간의 삶은 무한한 가능성으로 가득 차 있다. 그 가능성을 발견하고 실현하기 위해서는 시작하는 용기가 필요하다. 나 역시 안정을 보장해주는 직장을 그만두고 강사가 되기로 결심했을 때, 부모님의 반대와 지인들의 걱정 어린 시선이 발목을 잡았지만 그냥 시작했다. '나는 선택하는 행위자이며, 자유로운 행위자, 그리고 그 일에 책임지는 행위자'[10]로 사는 실존적 인간이고 싶었다. 강사 양성 과정에 등록부터 했고, 네트워크 모임에 참여하며 공부를 시작했다. 당시 내가 할 수 있는 작은 일부터 하나하나 실행했던 것이다.

시작 당시 이 일을 통해 돈을 얼마나 벌 수 있고, 얼마나 성공할 수 있을지에 대해서는 전혀 관심이 없었다. 마음이 움직였고, 마음의 소리에 귀를 기울였으며, 실행했을 뿐이다. 일의 본질과 그 일이 가져다주는 행복보다 물질적인 것에 욕심이 있었다면, 흥미를 느끼기는커녕 내 깜냥을 헤아리고 뒷걸음치거나 도태 되었을 것이다. 하지만 작은 목표를 달성하는 즐거움과 그 속에서 성장하는 자신을 바라보며 선순환이 일어났고, 여기까지 오게 되었다. '강사가 되고 싶다'고 머리로만 생각했다면, 여전히 내 행복과 관계없는 일을 하면서 무료한 삶을 살아가고 있을 것이다.

'뛰어들기', '일단 시작하기'를 통해 이룬 여러 가지 경험이 있다. 그 경험들은 '남들처럼'이 아닌 '나답게' 고유한 발자취를 남길 수 있는 초석을 마련해주었다. 대학로 연극무대에 서고 싶을 때도 머리로만 생각한 게 아니라 무작정 극단에 찾아갔다. 그 절실함과 무모한 용기 덕분에 영화배우 김갑수 선생님의 극단 '배우세상'에서 〈칼맨〉이라는 연극에 참여할 수 있었다. 해야겠다는 마음이 들면 머리로 깊이 생각하지 않으려고 노력한다. 고민하다보면 하지 말아야 할 이유가 100가지도 넘게 생기고 한계가 보여 포기하게 된다. 어느 강의에서 "한계란 한 계단을 더 오르는 것이고, 한 개를 더 하면 극복할 수 있다"는 말을 듣고 가슴이 뜨거워졌던 적이 있다. 마음이 식기 전에 일단 시작하자. 이 것이 일명 '다이빙대에 뛰어들기'다.

2017년 여름, 나는 다이빙대에 과감히 뛰어들었다. 두 달 남짓한 일정으로 캐나다 중부의 주도인 위니펙으로 향했던 것이다. 긴 기간 동안 일을 놓고 가는 것 자체가 나에겐 모험이었다. 프리랜서는 시간이 프리해서 좋은 직업이 아니라, 잊히면 평생 프리해지는 직업이기에 한순간도 손에서 전화기를 놓은 적이 없었다. 하지만 마음속에서 원하는 일을 도저히 모른 척할 수가 없어 가기로 결정한 것이었다. '가장 아름다운 여름이란 두 번 다시 없다는 듯이 살아가는 여름'[11]이라는 문구에 마음이 동했다. 먹고사는 문제를 뒤로하고 벌어먹어야 하는 현실에서 조금은 떨어져 살기로 결정하는 건 쉽지 않았지만, 다시없을 순간과 가슴 뛰는 여름을 보내기 위해 무작정 뛰어들었다. 그리고 그 누구보다 자유로운 시간을 보냈다.

"삶과 글은 일치하기에 바르게 살아야 바르게 쓸 수 있다"[12]는 이성복 시인의 말처럼 잘 살아야 잘 쓸 수 있고, 다양하게 살아야 다양하게 쓸 수 있다고 생각했다. 하지만 캐나다행을 결심한 후에도 마음속에 약간의 흔들림이 있었던 것은 사실이다. 그 흔들림을 멈추게 하는 것이 바로 '다이빙대에 뛰어들기'였다. "해외여행의 핵심은 비행기 티켓 사기"라는 말이 있듯이, 7월 4일 자 위니펙행 비행기 표를 석 달 전인 4월에 결제했다. 신기하게도 저지르고 나니 그때부터 마음이 한결 편안해지고 일에 더 몰입할 수 있었다. 어쨌든 당시의 새로운 경험을 글에 잘 녹여내는 지금, 가장 행복한 '두 번 다시' 없을 하루를 보내고 있다.

"비록 한 줄도 써지지 않더라도 어쨌든 일단 앉아요. 아무튼 그 책상에서 두 시간 동안 버티고 앉아 있으란 말입니다"라는 소설가 무라카미 하루키村上春樹의 말처럼 나 역시 글을 쓸 때 일단 자리를 잡고 앉는 것부터 시작한다. 자리에 앉는 것이 글쓰기에 뛰어드는 가장 빠르고 쉬운 방법이다. 오전에 일찍 작업하는 것을 좋아하기에 집 근처 새벽 6시에 오픈하는 카페로 향한다. 오전 강의가 있는 날을 제외하고 일주일에 세 번 정도, 보통 7시에서 7시 30분쯤 도착해서 점심 먹기 전까지 작업을 한다. 물론 키보드 자판 하나 두드리지 못할 정도로 쉽사리 글이 써지지 않을 때도 있지만, 일단 나와서 컴퓨터부터 켠다. 한 글자, 한 문장에도 물꼬가 터져 글이 써지기도 하고, 좋아하는 책을 읽다가 문득 쓰고 싶은 내용이 생각날 때도 있다. 이 글을 쓰는 지금 이 순간에도 나는 그 카페에서 작업을 하고 있다.

처음 책을 쓸 때가 생각난다. 만만치 않은 반대에 시달렸다. "시기상조다", "그런 내용은 독자들에게 관심을 받지 못할 것이다", "조금 더 나이를 먹고 공부를 더 한 다음에 써라", "너보다 경력이 많은 사람도 안 쓰고 있는데 넌 뭐가 잘났다고 설치느냐" 등 내 의욕을 떨어뜨리는 이야기를 참 많이도 들었다. 부족한 걸 잘 알지만 한 페이지 한 페이지를 공부하는 마음으로, 진솔하게 채워나갔다. "때를 기다리면 몸에 때만 낀다"는 말씀으로 힘을 주셨던 멘토의 말처럼 누구에게나 완벽하게 준비된 순간은 오지 않는다. 부족하지만 채워나가는 거고, 그렇게 성장하는 거라며 의지를 불태웠다. 비슷한 시기에 책을 쓸 거라며 이야기했던 지인 중 나처럼 과감히 첫 페이지에 뛰어든 사람들은 자신의 이름으로 된 책을 가진 저자가 되었다. 그러나 하고 싶어 하면서도 "아직은 때가 아니야, 조금만 더 있다가 시작해야지"라고 했던 사람들은 아직도 똑같은 상태에 머물러 있다.

나는 능력이 출중해서 저자가 된 것이 아니다. 그저 뛰어들어서 꾸준히 채워가다보니 기회가 주어졌고, 계속해서 글을 쓰다보니 민망함에 고개를 들기 힘들었던 글에도 조금씩 힘이 붙게 되었다. 그리고 공감해주는 사람들이 많아지면서 글을 쓰는 순간이 더 행복해졌다. 생각만 앞서고 계획만 철저하게 세우는 것보다 직접 그 과정을 경험하고, 실패를 기회 삼아 발전하는 것이 삶의 에너지를 불러오는 방법이라고 확신한다.

평소에 쓰는 글뿐만 아니라 운동했던 프로그램도 가끔 SNS에서 공유하고 있다. 운동의 효과를 경험했거나 관심사가 비슷한 사람들이 그 공간에서 교류하며 서로 자극도 받고 격려도 하면서 시너지를 낸다. 운동하는 사진이나 영상을 보고 SNS 계정에 댓글로 응원을 보내오는 사람들도 있다. 이 역시 큰 힘이 된다.

'많은 자극받고 갑니다.'
'정말 열심히 하시네요. 파이팅입니다.'
'저도 곧 등록하고 운동을 시작해야겠어요.'

내 글과 영상이 동기부여가 된다는 글이 가장 많다. 나로 인해 긍정적인 자극을 받게 되었다는 그분들의 말씀이 참 감사하다. 그리고 나는 그분들께 '곧이 아니라 바로 지금입니다'라고 댓글을 남긴다. "행동이 반드시 행복을 가져다주지는 않을지라도 행동 없는 행복이란 없다"는 윌리엄 제임스William James의 말처럼 운동 역시 센터가 되었든 공원이 되었든 나가는 것에서 시작해야 한다. 가기까지가 힘들고 귀찮은 거지 막상 도착하면 누구보다 열심히 운동하는 사람을 많이 봐왔다. 기운이 없어서 운동을 하면 더 피곤할 것 같지만 오히려 기분이 좋아진다.

운동을 해야 하는 이유가 한 가지라면 하지 않아야 할 이유는 수백 가지다. 상황에 따라 힘들어서, 시간이 없어서, 애정전선의 문제로 우울해서, 기분이 안 좋아서, 혹은 날씨가 너무 좋아서, 때로는 비가 와서, 졸려서, 길이 막혀서, 약속이 있어서, 하루 남았으니까…….

건강해지고 싶은가? 아름다운 몸을 원하는가? 자신의 삶을 변화시키고 싶은가? 몸을 관리해야 하는 이유와 필요성에 대해 충분히 공감한다면 이제는 뛰어들 차례다. 시작하지 않으면 출발선에 서 있는 사람이나, 생각은 있지만 한 발 뒤에 있는 사람이나, 아무 생각 없는 사람이나 다 똑같은 것이다. 건강한 몸, 아름다운 몸, 존중받는 몸을 위해 지금 당신은 무엇을 실행하고 있는가?

'다이빙대에 뛰어들기'는 비단 운동에 국한된 이야기가 아니다. 여행, 직장, 결혼, 이사, 진학 등 무언가를 하려고 마음을 먹더라도 걸리는 게 한두 가지가 아니다. 고려할 사항은 넘쳐나고, 결국 내 계획은 잠식당한다. 앎과 삶을 연결하는 유일한 방법은 실행함에 있다. 아는 것을 삶 속에 녹여내기 위해서 필요한 것은 행동과 그것을 체화體化할 시간이다.

각자의 입장과 처지가 다르기 때문에 모든 것에 혹은 모두에게 '일단 뛰어들기' 방법을 강요할 수는 없다. 하지만 혼란스러운 상황에 대한 대처법으로 분명 효과를 볼 수 있다.

우리는 실존하는 존재다. 자유롭게 선택할 권리가 있다. 그 선택을 누군가 대신 해주길 바라고, 일이 뜻대로 되지 않을 때 남 탓을 하며 살지는 말자. 책임을 타인에게 전가시키기보다 스스로 책임지며 내 인생을 찾자. 영국의 소설가이자 시인인 D. H. 로런스David Herbert Lawrence 역시 "자유에 도달하는 길은 뛰어드는 것이고, 그 과정을 통해 나를 만난 기쁨을 만끽할 수 있다"고 했다.

어중간한 경계인으로 인생을 낭비하는 것은 서서히 죽는 것과 마찬가지다. 그래서 나는 오늘도 과감히 뛰어든다. 원하는 목표가 있다면 지금 당장 시작할 수 있는 일을 찾아 실행하자. 작은 일이라도 할 수 있는 일을 찾아서 움직이다보면 긍정의 에너지가 선순환하면서 힘이 나고 좋은 결과에 다다르게 된다.

인간은 세월과 더불어 늙는 것이 아니다.
인간은 이상을 잃을 때 늙는다.
세월이 흐름에 따라 피부에는 주름살이 늘게 될 것이다.
그러나 이 세상 일에 흥미를 잃지 않으면
마음에 주름살이 생기지 않는다.

더글러스 맥아더

실제 나이
vs
체감 나이

　나만의 콘텐츠에 대한 고민을 하던 그때, 가장 관심이 있고 생각하면 가슴이 설레며 끊임없이 연구해도 지치지 않는 분야에 대해 생각한 결과가 몸과 마음의 소통과 건강이었다. 물론 강의를 통해 몸과 마음의 건강에 대해 전하는 것은 쉽지 않았고, 변화를 일으키는 것도 간단하지 않았다. 고작 30대 초반의 나이에 몸과 마음의 건강에 대한 중요성과 관리의 필요성에 관해 강의를 한다고 했을 때 주변에는 우려를 표하는 분도 많았다. 하지만 몸과 마음의 건강에 대한 강의를 한 지도 벌써 9년이 되었다. 그동안 다양한 청중을 만나 이야기를 함께 나눴다.

　교통사고 후 후유증을 극복한 경험, 건강이 좋지 않았던 어머니를 가까이서 바라보고 간호했던 일, 몸을 돌보지 않고 일에만 전념하면서 급격히 떨어진 체력 탓에 대상포진을 앓았던 적이 있기에 몸과 마음이 아파본 경험을 통해 메세지를 전한다. 사람이 다니던 길에 인적이 뜸해지면 어느새 수풀이 우거지게 되고 길이 없어진다. 건강 역시 지속적으로 관리하고 관심을 가지지 않으면 어느 순간 잃게 된다. 건강은 50대 이후에나 신경 쓸 부분이 아니다. 태어남과 동시에 습관화하고 관리해야 할 부분이다. 조금이라도 일찍 건강관리를 시작하는 사람이 그만큼의 기간을 더 행복하게 보낼 수 있다고 믿는다.

워낙 몸에 대한 관심이 많았기에 틈만 나면 새로운 책을 찾아보고, 관련 기사를 검색한다. 건강 관련 자료들을 따로 폴더에 모아놓고 어렴풋이 알고 있던 내용들을 확인할 때 자주 활용한다. 그러다가 우연히 만난 책이 바로 한근태 소장님의 『몸이 먼저다』[13]였다. 자신을 사랑하는 가장 쉽고 빠른 방법이 몸을 관리하는 것이며 젊게 사는 방법임을 담고 있는 책으로, 제목부터 강렬하게 느껴졌다. 더 이상의 부연 설명은 군더더기라고 여겨질 만큼 몸의 중요성과 운동을 통한 삶의 변화를 담백하면서도 강한 어조로 전달하고 있었다. 심플한 일상이지만 그 안에서 충분히 삶의 가치를 찾고, 자신을 돌보며 프로답게 삶을 살아가는 한근태 소장님의 글이 굉장히 설득력 있게 다가와 내 가슴을 흔들었다.

외적인 아름다움만을 강조하는 여느 책들과 달랐다. 몸에 관련된 사진 한 장 없이도 소장님의 경험에서 비롯된 혜안이 담긴 글이 구구절절 가슴에 꽂혔다. "만나기 전에는 우연이라고밖에 생각할 수 없는 만남이 만남 이후에는 필연이라고 생각될 수밖에 없는 것이다"[14]라는 책 속의 구절이 와닿는 순간이었다. 그 책과의 우연한 만남이 그다음 해에 실제로 이어져 필연必然이 되었다.

저명한 저자와 유명 강사들이 교수진으로 참여한 '감동 명강사'라는 과정에서 강의를 하게 되었는데, 교수진 중 한근태 소장님이 있었던 것이다. 교수진 모임에서 처음으로 한 소장님을 뵙고 말씀을 나누게 되었다. 과연 나이를 가늠할 수 없는 건강한 에너지가 느껴졌다. 호기심 어린 시선으로 이야기를 경청하고, 수첩을 꺼내 중간중간 메모를 하며 말씀하시는 그 모습이 책을 통해 만난 모습과 일치했다. 세상에, 60세를 바라보고 있다고 했다. 많아 봐야 50대 초반 정도로 보이는 건강하고 에너지 넘치는 소장님의 모습에 도통 그 말씀이 믿어지지 않았다. 매사에 자기를 관리해온 덕분이라고 했다. 삶과 글이 일치하는 분을 직접 뵈니 너무 존경스러웠다.

늘어가는 속도는 사람, 환경, 습관에 따라 상당한 차이가 있다. 실제 나이가 37세라고 해도 생체 나이는 28세에서 60세의 폭을 가지게 된다. 체감 나이를 줄이는 방법은 잘 먹고, 잘 자고, 잘 쉬는 고전적인 원칙을 잘 지키며 건강한 생활습관을 유지하는 것이다. 거기에 매사 긍정적으로 임하고, 일상의 소중함을 느끼며, 새로운 것에 대한 도전을 두려워하지 않는 마음도 크게 작용한다. 이것이 열정을 다해서 삶의 주체로 살아가는 방법이다.

한근태 소장님처럼 건강한 삶을 사는 지인들이 적지 않다. 나이를 듣고 여러 번 놀란 경험이 있을 정도로, 겉모습만 보고 나이를 예측하기가 어렵다는 공통점을 지닌 분들이다. 강경태 소장님 역시 마라톤으로 몸을 관리하고 있다. 마라톤 풀코스는 물론이고 시각 장애우들과 함께 달리며 그들의 눈이 되어주기도 하신다. 일과 삶의 균형을 잡고 열린 마인드로 소통하기에 주위 사람들에게 좋은 영향력을 끼치는 분이다. 또 한 분 인생의 스승을 잘 만난 덕분에 나는 삶의 전환점을 경험했다.

가장 가까이에는 사랑하는 아버지가 있다. 등산을 즐겨 하시는 아버지는 백두산 등반도 두 번이나 했고, 지금도 주말이면 산을 오르신다. 주중에는 식사 후에 한 시간 이상 걷기를 실천하신다. 협심증으로 가슴 통증을 호소한 적도 있고, 혈압이 높은 탓에 평생 약을 드셔야 한다는 진단을 받아서 늘 걱정이었다. 하지만 조금씩 운동을 하고 술을 멀리하며 조절한 덕분에 혈압약을 끊을 수 있었다. 또한 60대 후반의 연세임에도 체감 나이는 50대 초반으로 보일 정도로 동안을 자랑하신다. 아버지는 나이의 한계에 스스로를 가두지 않는다. 피부에 주름살은 있을지언정 마음에 주름살이 없다. 결과적으로 운동을 하지 않는 20대보다 훨씬 더 아름답고 건강한 몸을 가지고 있으며, 마음 역시 젊음을 유지하면서 멋진 삶을 살고 있다. 자기 관리에 철저하지만 그렇다고 해서 만나는 사람들을 불편하게 하지 않고, 예민하지 않으며, 지혜로운 분이다.

스스로 건강을 관리하고 운동을 꾸준히 하는 분들은 피부에서 윤이 난다. 그러니 나이보다 훨씬 젊어 보인다. 보기에만 그런 것이 아니라 삶도 육체의 에너지와 동일하게 간다. 새로운 도전을 즐기고, 다양한 사람과의 교류를 통해 지속적으로 발전하기 때문이다. 흔히 "한 해, 한 해가 다르다", "예전 같지 않다"고 하는데, 지금 아무런 행동을 취하지 않으면 한 달, 한 달이 달라질 것이다. 어제 다르고 오늘 또 달라질 수 있다. 내가 다니는 운동 센터와 같은 층에 요양원이 있다. 언젠가 요양원 노래교실이 있던 날, 그 앞을 지나가는데 강사의 말이 마이크를 통해 밖으로 들려왔다. "어르신들, 지금이 내가 가장 젊은 날인 거 아시죠? 웃고, 즐기고, 행복하게 노래 불러보실까요?"

모든 이에게 지금 이 순간이 가장 건강하고 젊고 아름다운 시기다. 운동을 통해, 몸 관리를 통해, 그리고 마음의 변화를 통해 건강함을 오래 유지하며, 실제 나이에 갇히기보다 체감 나이를 늘려나가자. 몸이 변하면 마음도 바뀐다. "스물이든, 마흔이든, 일흔이든 새로운 것에 목말라하고 궁금해하며 해답을 찾는 노력을 게을리하지 않는다면 날마다 새로운 젊음이 탄생한다"는 이어령 선생님의 『젊음의 탄생』에 나오는 구절처럼 건강한 몸에서 나오는 자신감을 바탕으로 새로운 시도를 하고, 도전을 통한 성취를 하며, 성장하는 한 우리는 언제나 청춘이다.

이 책을 읽는 당신은 청춘인가? 나는 지금도 하고 싶은 게 너무나 많다. 10년 혹은 20년 후의 내 모습이 여전히 기대된다. 어제와 똑같은 오늘을 살면서 달력이 한 장 한 장 뜯겨질 때마다 "또 한 살 먹는구나" 하면서 한숨을 쉬기보다 다양한 경험과 자기 관리를 통해 지금보다 더 건강하고 멋있게 살아갈 앞날을 생각하면 힘이 난다. 타인이 바라보는 시선보다 더 중요한 것은 내가 느끼는 내 체감 나이다. 체감 나이만큼은 여전히 나는 20대다. 아니 오히려 체력과 정신을 마구 소비했던 지난날보다 건강한 삶의 소중함을 깨달은 지금의 삶이 훨씬 더 건강하고 행복하다. 나이를 잊고 몸과 마음의 능력치를 믿으며 체감 나이를 줄여보자.

운동하기 위해 시간을 내라.
그것은 끊임없이 젊음을 유지하는 비결이다.

독서를 하기 위해 시간을 내라.
그것은 지혜의 원천이다.

친절하기 위해 시간을 내라.
그것은 행복으로 가는 길이다.

꿈을 꾸기 위해 시간을 내라.
그것은 대망을 품는 일이다.

— 레프 톨스토이, 〈인생10훈〉[15] 중에서

마음은 몸과 무관하게 움직일 수 없다.

메를로 퐁티

최고의 항우울제,
운동

"아, 우울해"라는 말을 입에 달고 사는 친구 A가 있다. 그녀는 중학교 동창으로 가까웠던 네 명의 친구 중 결혼을 가장 빨리 했다. 대학 졸업과 동시에 결혼을 했고, 이듬해 아기를 출산했다. 그 당시 친구는 수유로 인해 음식도 가려야 했고, 육아에 전념하느라 낮과 밤이 바뀐 생활을 힘들어했다. 독박 육아로 아기를 돌보며 집에서만 생활하다보니 모임에서도 만날 수가 없었다. 감당하기에 너무 어린 나이였을까? A는 산후 우울증까지 겹쳐 밥을 먹다가도 눈물이 툭 흐르고, 계속 잠만 자고 싶다고 했다. 한창 사회생활을 하고 있는 친구들과의 공통된 대화 주제도 찾기 어려워하며 전화로 하소연하던 그때가 지금도 생생하다.

그녀는 그 시기를 '고난의 행군'에 비유했다. 그래도 그 시기를 잘 극복하고 어느새 아이가 어린이집에 갈 정도로 컸을 때, A는 임신 당시 늘어났던 뱃살과 늘어진 옆구리가 들어갈 기미를 보이지 않고, 어깨가 자꾸 굽고 허리도 약해졌다며, 특히 손목이 너무 아프다고 했다. 몸 여기저기 구석구석 아프다보니 뭐라도 해야 할 것 같다며, "운동을 하면 될까?"라고 물어왔다. 그러면서도 처음에는 남편 출근 후 아이를 준비시켜 어린이집에 보낸 다음 청소를 끝내놓고 한숨 돌리면 또 어느새 아이가 돌아올 시간이라며, 도무지 운동하러 갈 시간이 없다고 했다.

그 당시 A에게 나는 "정말 '운동하기에 시간이 없어'인지 '운동하는 시간을 내지 않을래'인지 잘 생각해봐. 하고 싶은 마음이 생긴다면 더 이상 고민하지 말고 당장 시작해보자"라고 말했다.

결국 오전에 조금 더 부지런을 떨어 시간을 낸 A는 집 근처 센터에서 운동을 시작했다. 당장 눈에 띄는 변화는 없지만, 몇 년 만에 자신을 위해 무언가를 하는 시간이 행복하다고 했다. 그리고 무엇보다 집에만 있을 때보다 피곤함이 줄고 입맛도 돈다고 덧붙였다. 또 짜증이 나더라도 운동할 때만큼은 아무 생각이 안 나서 걱정이 없다고 했다. 기분 좋은 변화였다. 꼭 센터에 가서 하지 않더라도 규칙적으로 운동을 하다보면 심리적으로 성취감을 맛볼 수 있다. 운동을 통해 체중도 적절히 유지할 수 있고, 유연성도 좋아지며, 통증 개선에도 도움이 된다. 신체 활동은 세로토닌과 엔돌핀 분비를 활성화시키고, 밤에 잠을 푹 자게 만들어서 우울증을 개선시키는 생리적인 효과도 있다.

우리나라에서 가장 많이 사용되고 있는 외래어가 무엇일까? 한 설문조사 결과, 가장 많이 쓰이는 외래어로 '스트레스'가 꼽혔다. 그러고 보니 "아, 스트레스"라는 짜증 섞인 말을 어디서나 하루에 한 번 이상 꼭 듣게 되는 듯하다.

기업 강의를 의뢰받을 때도 '스트레스 매니지먼트'나 '컨디션 트레이닝'과 같은 직장 내 스트레스 해소와 관련된 분야의 문의가 여전히 많다. 하긴 한국인 열 명 중 아홉 명이 스트레스와 우울감을 겪고 있고, 직장인의 80.3퍼센트는 높은 스트레스와 우울감으로 건강에 이상이 생긴 경험이 있다 하니, 조직 차원에서 조직원들의 마음 관리에 신경을 쓰는 것은 당연하다. 스트레스와 우울감은 직장인뿐만 아니라 남녀노소 관계없이 누구나 경험하는 흔하고 당연한 정상적인 감정 반응이다.

우울감이 생기거나 스트레스를 받는 원인은 다양하다. 크게 생물학적 요인과 환경적 요인으로 나뉘는데, 뇌의 신경전달물질의 불균형으로 세로토닌의 분비가 저하되고 그로 인해 우울한 기분이 유발되는 경우가 생물학적 요인에 해당된다. 취업의 어려움이나 경제적인 어려움, 이성 문제 내지는 외모에 대한 불만족, 그리고 반복되는 다이어트 실패로 인한 우울감은 환경적 요인에 해당된다. 계절성 우울증이나 산후 우울증과 고부 갈등 문제, 실직이나 외로움 등도 스트레스와 우울감을 유발하는 대표적인 환경적 요인이다.

우리를 둘러싼 환경과 다양한 인간관계 속에서 누구나 스트레스를 받고 우울한 기분을 느낀다. 어느 누구도 우울감과 스트레스에서 자유로울 수 없는 것이 현실이다. 우울증은 '마음의 감기'라고 불린다. 감기를 오래 방치하면 폐렴이 되듯이, 누구나 느끼는 정상적인 우울한 감정도 간과할 시 정신적 폐렴으로 진행될 위험이 있다. 스트레스가 만성화되고 우울한 감정이 지속되면 모든 일에 무기력해지고, 식욕 저하나 폭식을 동반하며, 소화기능에도 무리를 주게 된다. 더불어 불면증과 같은 수면 장애가 생기기도 한다. 부정적인 사고에 뇌와 몸이 잠식당하는 지경에 이르면 병적인 우울증 단계로 치료가 꼭 필요하다.

반복되고 지속적인 우울감은 삶을 마비시킨다. 마비된 감각을 되살리는 특효약에는 무엇이 있을까? 스트레스가 치솟아 머리가 터질 것 같고 마음이 개복치일 때, 사람들은 저마다의 방법으로 우울감을 극복하려고 한다. 혀가 마비될 정도로 매운 음식을 먹거나 잔뜩 술을 마시며 스트레스를 해소하는 사람도 있고, 마음이 맞는 친구들과 함께 수다를 떨면서 털어내기도 한다. 좋아하는 음악을 듣거나 일부러 슬픈 영화를 보면서 눈물을 흘리는 방식으로 푸는 사람도 있다. 외부의 자극으로부터 잠시 멀어지고자 잠을 청하기도 한다. 냉장고를 청소하거나 물건을 정리하며 스트레스를 푼다는 친구도 있다. 필요하지도 않은 물건을 사들이는 쇼핑으로 해소하기도 한다. 연기자 전혜빈 씨는 한 인터뷰에서 자살을 시도할 정도의 우울증이 있던 시기를 운동으로 극복했다고 한다.

이처럼 약물 치료 외에 우울감을 떨쳐내고 스트레스를 해소하는 다양한 방법이 있다. 정신과 약에 대한 거부감과 편견으로 약물 치료를 꺼리는 사람들에게 맞는 스트레스 해소법은 일종의 정신적 탈출구와 해방구를 마련해주는 것이다. 나는 운동이 가장 좋은 해소법이라고 생각한다. 육체 활동을 통해 신체적 에너지가 향상되면 신경전달물질인 세로토닌이 증가한다. 그로 인해 우울한 감정이 완화된다. 요가와 같은 스트레칭과 명상이 조합된 운동도 좋고, 개운하게 땀을 흘릴 수 있는 근육운동도 좋다. 모든 종류의 운동은 우울한 감정을 날려버림과 동시에 건강한 몸까지 만들 수 있어서 일석이조一石二鳥이다. 윌리엄 진서 William K. Zinsser는 정신과 언어의 불가분의 관계에 대해 "자신의 언어를 훼손하는 것은 자신의 인격을 훼손하는 것과 같다"고 했는데, 나는 정신과 몸의 불가분의 관계도 이와 같다고 생각한다. '자신의 몸을 관리하지 않는 것은 자신의 정신을 등한시하는 것과 같다'고 말이다.

나는 기분이 우울할 때 운동에 집중한다. 뭔가 풀리지 않는 문제가 있을 때도 달리거나 등산을 하며 마음을 달랜다. 집 가까이에 있는 산에 오르기도 하고, 호수공원을 돌기도 한다. 아니면 센터에 가서 숨이 찰 때까지 운동을 한다. 그러면 한결 마음이 가벼워지고 신체적 무기력함이 극복된다. 머릿속의 복잡함도 실타래처럼 풀린다. 스트레스는 완치가 없다. 그래서 '스트레스 치료'라는 말 대신 지속적으로 관리해야 한다는 의미의 '스트레스 관리'라는 말을 사용한다. 스트레스를 안고 가야 한다면 현명하게 대처해야 한다. 건강한 몸의 움직임을 통해 우울한 마음을 극복하자.

지난 가을, 예능 프로그램인 〈효리네 민박〉에 인상적인 장면이 등장했다. 이효리 씨가 제주도의 한 오름 위에서 지는 태양빛을 받으며 느낌대로 몸동작을 취하면서 춤을 추는 장면이었다. 자신을 솔직하게 표현하며 몸과 마음의 흐름에 충실하게 반응하는 모습이, 그야말로 자유롭고 편안하고 행복한 영혼을 보는 듯했다. 의식과 신체의 일체화가 이루어지는 에너지의 흐름을 그대로 보여주는 장면이었다.

"운동보다 더 좋은 항우울제는 없어요. 즐겁게 운동을 할 때 심장도 건강해지죠." 하버드 의대 심장병 전문의 버나드 라운 Bernard Lown 박사가 인터뷰에서 한 말이다. 건강 증진 행위에 해당되는 운동은 에너지와 마음의 항상성을 가져온다. 이는 다시 심리적, 신체적 안녕과 연결된다. 운동이 최고의 항우울제로서의 역할을 하고 있음이 결과로 입증되었다. 삶을 바로 살기 위해서는 몸을 세우고 마음을 들여다보는 노력이 필요하다. 여성들이여, 스트레스받는 일이 있다면, 우울함에 눈물이 날 것 같다면 밖으로 나가 몸을 움직이자. 몸이 갇히면 마음도 갇히게 된다.

A는 현재 친구들의 부러움을 한 몸에 받고 있다. 그 당시 제일 먼저 마음고생은 했지만 아들이 어느새 초등학생이 되었다. 그동안 꾸준히 운동한 덕분에 건강하고 예쁜 몸을 유지하고 있으며, 취미로 시작한 가죽공예에 푹 빠져 공방을 준비하고 있다. 이제 막 갓난쟁이를 키우는 친구들도, 한창 말썽부리는 아들 때문에 힘들다고 말하는 친구들도 A에게 입을 모아 말한다. "네가 승자勝者다."

당신 자신에게 약간의 시간을 투자할 마음이 있다면,
당신의 기분을 효율적으로 지배하는 법을 배울 수 있다.
날마다 체력 훈련을 받는 선수가
인내심과 강인함을 조금씩 키우는 것처럼 말이다.

데이비드 D. 번스

자신에게
투자하라

아픈 몸을 이끌고 앉아서는 책을 마음껏 읽기가 힘들었다. 쉽게 방전되는 체력 때문에 모든 것이 여의치 않았다. 헛헛한 마음이 들 때면 습관처럼 단골 사이트에 들어가서 옷이나 신발을 구매했다. 필요에 의한 쇼핑이 아니라 체력 소진에 따른 정신적 허기를 달래기 위해 굳이 쓸모가 없음에도 이것저것 장바구니에 쓸어 담았다. 요즘 말로 스트레스를 풀기 위해 시발비용[16]을 들여가며 외적인 것에 투자하고 덧칠하던 예전의 내 모습이다.

행복하지 못했던 것의 원인은 체력 저하로 인한 의지 상실이고, 몸의 통증에서 유발된 우울함이었는데, 다른 곳에서 그것을 보상받으려고 했다. 이런 방식은 몸과 마음, 거기에 돈까지 탕진하는 지름길이다. 지금은 탕진하는 것이 아닌 걷어내고 덜어내고 내려놓은 빈자리에 건강을 채우고 행복지수를 올리며 본연의 것에 투자한다. 덕분에 쇼핑과 담을 쌓았다. 이제는 즐겨 찾던 인터넷 쇼핑몰의 아이디도 기억나지 않는다.

인생은 한 번뿐이니 값지게 살며 행복을 누리기 위해 건강의 중요성을 간과하지 말자. 가장 좋은 투자는 건강에 투자하는 것이다. 그것은 곧 현재를 의미 있게 보내는 동시에 미래를 대비한 투자다. 몸과 마음의 건강을 밑바탕에 두고 새로운 것에 대한 도전을 삶의 동력으로 활용하며 스스로를 행복으로 이끄는 삶이야말로 내가 나답게 당당한 삶의 주인으로 살아가는 길이다. 미지의 영역 앞에서 겁내고 뒷걸음치기보다 결과에 관계없이 그 과정을 즐기면서 나오는 에너지로 시너지를 내는 삶을 살아야 한다.

당신은 자신을 위해 어디에 투자하고 있는가? 건강에 투자하고, 운동에 시간을 써라. 신체 활동의 부족은 글로벌 사망률을 높이는 원인으로, 매년 전 세계 3,200만 명이 신체 활동 부족으로 사망하는 것으로 추산된다. 세계보건기구WHO에 따르면, 주요 사망 위험요인 중 네 번째로 자리 잡고 있다. 매일 부지런히 움직여야 할 이유가 여기에 있다.[17]

성인이 된 이후에도 속해 있는 환경이나 자극에 의해 뇌 기능이 향상될 수 있다는 이론으로 기존 뇌 연구 패러다임을 깨뜨린 메리언 다이아몬드Marian Diamond 박사에 대한 기사를 읽었다. 그녀는 아인슈타인의 실제 뇌를 연구한 뇌 개발의 핵심 요소로 다이어트, 운동, 도전, 새로움, 사랑, 이렇게 다섯 가지를 꼽았다. 이 요소들을 통해 스트레스에 대한 회복탄력성stress resilience을 키울 수 있으며, 나이에 상관없이 뇌 기능이 향상될 수 있음을 밝혀냈던 것이다.

물론 여기서의 다이어트는 'A good diet'라는 전제가 붙는다. 무조건 마른 몸을 선호하는 것이 아닌 신체가 최상의 컨디션에 놓일 수 있도록 적정 체중을 유지하는 것이 바람직하다는 의미다. 앞에서도 이야기했듯이, 누구나 따라야 하는 이상적인 몸의 기준은 없다. 미디어가 만들어낸 틀에 맞추기 위해 자신의 몸을 억압하고 개조의 대상으로 보는 것으로부터 시선의 전환이 필요하다. 많은 여성이 원하는 꿈의 사이즈라는 44사이즈의 날씬한 몸이 건강을 보장하는 것도, '뚱뚱하다'고 하는 몸이 건강하지 않은 것도 아니다. 다이어트를 위해 탄수화물 섭취를 극도로 제한하거나 약품을 복용하는 여성들은 말랐지만 매사 기운이 없고 예민하다. 이른바 옷발이 잘 받는 마른 몸이지만 비실대는 사람보다 날씬하진 않지만 활력이 있는 사람이 더 매력 있다. 즉 체중계의 숫자 자체는 건강 상태에 많은 의미를 부여하지 않는다. 에너지가 넘치고 몸과 마음이 편안한 상태에 놓이는 건강한 느낌이 체중계 바늘보다 훨씬 더 중요하다.

몸과 마음의 기능을 향상시켜주는 꾸준한 운동 역시 몸과 마음의 주름을 예방하는 최선의 방법이다. 운동을 하는 순간, 자신에게 집중하게 된다. 집중하지 않으면 운동 효과가 없을뿐더러 부상의 위험도 높아진다. 호흡 하나에도 신경 쓰게 되고, 근육의 미세한 움직임도 느껴진다. 운동할 때 트레이너에게 가장 많이 들었던 말 중 하나가 "집중하세요"였다. 어떤 부위를 단련하든 언제나 그 부위 근육들의 움직임에 집중하고, 다른 부위로 힘이 잘못 전달되지 않도록 신경 써야 한다. 이렇게 자신에게 집중하는 힘을 키우다보니 완벽하진 않지만 몸이 보내는 신호를 알아듣고 조금 빠르게 응답할 수 있게 되었다. 운동하는 행위 자체에도 여러 긍정적인 효과가 나타나지만, 건강에 대한 투자를 꾸준히 하는 것만으로도 마음이 충만해지고 보다 행복해진다.

"호기심은 영원하고 확실한 활기찬 마음의 한 특징이다"라는 새뮤얼 존슨Samuel Johnson의 말처럼 새로운 것에 대한 호기심을 유지하는 것은 삶에서 지속적인 동기부여가 가능하게끔 견인해

주는 요소이다. 호기심好奇心의 사전적 정의는 '새롭고 신기한 것을 좋아하거나 모르는 것을 알고 싶어 하는 마음'이다. 무언가에 관심이 생기고 좋아하게 되면 그 대상에 대해 더 알고 싶어진다. 알고 싶어지면 모르는 것을 알아내기 위해 그에 맞는 방법을 연구하고 공부하게 되어 있다. 관심을 가지고 노력을 기울인 만큼 성취하게 된다. 여기서 나오는 에너지 역시 삶을 풍성하게 만든다. 하지만 신체 에너지가 바닥까지 내려간 사람들은 무언가에 관심을 가질 여유가 없다. 무심하고 무관심한 얼굴로 모든 것을 무시하게 된다. 아무것도 눈에 들어오지 않는다.

아는 데서 끝나는 것이 아닌 행동으로 연결될 때의 시너지는 더 크다. 나를 나답게 살아가게 하는 원동력인 핵심 가치 중 첫 번째 덕목인 '도전'은 나에게 산소와도 같다. 나답게 살면 위대해지지만 남들처럼 포장하면 초라해진다. 희망찬 다음과 나음은 나다움을 통해 기약할 수 있다. 호기심이 동하면 행동한다. 그 실행력을 키울 수 있었던 가장 큰 이유가 바로 '도전'이라는 가치다. 도전을 통해서 내 존재 이유를 찾는다. 마음먹은 바를 실천하기 위해 신체 에너지에 더 깊은 관심을 가지는 선순환이 일어난다. 모든 것은 톱니바퀴처럼 맞물려 있다. 어느 한 요소라도 부족하거나 넘치면 톱니바퀴는 어긋나고 멈추게 된다.

끝으로 나와 너, 우리에 대한 사랑을 간직하는 것, 그리고 감동을 나누는 것이 나이에 상관없이 명료한 정신을 가지게 해주는 기본 요소이다. '사랑'이라고 하는 것은 에로스적 사랑을 뛰어넘은 전인적인 사랑이다. 원태연 시인의 〈그냥 좋은 것〉이라는 시를 보며 누군가를 사랑하는 마음은 좋아할 만한 조건이 갖춰질 때 드는 것이 아니라, 그 사람 자체로 그냥 좋은 것이 가장 좋은 것이고, 그것이 여기서 말하는 전인적인 사랑이라고 생각했다. 스쳐 지나가는 순간 속에서 어떤 기쁨을 발견하는지, 평범한 보통의 하루지만 그 안에 어떤 의미를 부여하는지에 따라 충분히 사랑으로 충만할 수 있고 행복해질 수 있다.

다이어트, 운동, 도전, 새로움, 사랑이라는 다섯 가지 요소는 삶과 맞닿아 있다. 누군가에게는 삶의 존재 이유이자 전부가 된다. 이 다섯 가지 요소가 뇌 기능 향상에 도움이 된다거나 안 된다는 것은 차치하고, 내 기준에서 봤을 때 이 요소들은 삶을 풍성하고 행복하게 해준다. 나는 과연 어디쯤에 와 있을까. 다이아몬드 박사는 기능은 "쓰지 않으면 잃는다Use it or lose it"며 성장을 역설하면서, 이 다섯 가지 요소의 중요성을 동물 실험을 통해 처음으로 증명해냈다. 이 다섯 가지에 초점을 두면 스트레스에 대한 회복탄력성이 증가하고, 나이에 상관없이 정신을 명민하게 유지할 수 있다는 것이다.

　다섯 가지 요소에 시간을 투자하고 노력을 기울이는 것은 그리 어려운 일도 아니다. 할 수 있는 것은 지금 당장 시작하자. 점심 메뉴부터 건강한 다이어트를 위한 식단으로 바꾸고, 퇴근 후 당장 운동화로 갈아 신고 몸의 활력을 깨워보자. 운동을 통해 활력을 얻으며 일상의 모든 것에 관심을 가지게 된다. 더불어 스쳐 지나가던 많은 것에 마음이 쓰이며, 따뜻한 시선으로 바라보는 일은 충분히 실천 가능하다.

　'새로움newness'과 도전에 대한 기회 역시 하고자 하는 의지가 있다면 조금씩 실행할 수 있다. 당신이 하루 중 어느 곳에 가장 많은 에너지와 시간을 투자하고 있는지 생각해보라. 건강한 다이어트, 운동, 도전, 새로움, 사랑에 얼마만큼의 시간과 노력을 투자하고 있는가?

자신을 쇄신해줄 마음의 스승을
한 사람쯤은 기억하고 있어야 한다.

공자

건강 멘토를
만나라

삼나무는 큰 키와 몸무게에 비해 비교적 얕은 뿌리를 내리고 있다고 한다. 그럼에도 불구하고 다른 삼나무 뿌리들과 굳건한 연대망을 땅속에 구축하고 있기에 무려 90미터에 2,000톤이 넘는 중량을 견딜 수 있다. 그래서 강력한 태풍에도 쉽게 뿌리가 뽑히지 않는다. 삼나무 한 그루의 뿌리는 모든 삼나무의 뿌리이기도 하다. 나무살이처럼 세상에서 혼자 독립적으로 존재하는 인생살이는 없다. 모두가 인연의 고리로 연결되어 있다.[18]

운동을 처음부터 혼자 하려다가는 금세 그 계획이 물거품이 되는 경우가 많다. 그럴 때 무너지는 의지를 다잡아주고 힘을 실어줄 파트너가 있다면 결심이 뿌리 뽑히는 것을 방지할 수 있다.

인간의 존재는 고립된 실존 속에 있는 것이 아니라 삼나무의 연대망처럼 관계 형성을 통해 드러나기 때문이다. 내게도 운동을 지속하게 해주고 재미를 느낄 수 있도록 얕은 뿌리를 단단히 잡아준 인연들이 있다. 나는 그들을 나의 '보디 멘토'라고 부른다. 그리고 이제는 내가 여성들의 '보디 멘토'가 되어 건강한 삶, 성공하는 삶에 대한 이야기를 전하고 싶다.

인터넷에 접속하는 순간 온갖 배너 광고와 자극적인 다이어트 관련 문구들이 여기저기 떠 있다. '어느 방송에서 소개되었다더라', '유명 연예인 누가 하고 있다더라'라는 '카더라' 통신이 난무하는 곳에서 올바른 정보를 찾고 나에게 맞는 방법을 발견하는 것은 모래사장에서 바늘 찾기다. 그렇기에 개인 능력과 상관없이, 분야와 상관없이 누구든 바른길을 소개해주는 멘토가 필요하다.

물론 예전처럼 지식을 전수받기 위해서 멘토의 필요성을 역설하는 것은 아니다. 누구나 쉽게 모든 정보에 접근할 수 있기 때문에 더 이상 '팩트'를 알기 위해 멘토가 필요한 것은 아니다. 다만 넘치는 정보 속에서 올바른 것을 찾아내는 길잡이가 필요하고, 삶의 지혜에 대해 나눠주는 전문가의 역할은 중요하다. 멘토는 다름 아닌 '시간이 만들어낸 전문가'이다. 또한 앞서 경험한 내용들과 앎과 삶을 이어가는 과정에서 체화體化된 지혜를 통해 멘티의 시행착오를 줄일 수 있도록 힘을 실어주는 존재다.

꾸준히 운동을 해온 덕분에 지금은 혼자 필요한 부위의 운동 프로그램을 짜서 할 수 있다. 하지만 지금까지 여러 보디 멘토의 도움이 없었다면 불가능했을 것이다. 함께 운동을 하자며 내 손을 이끌었던 친구도 있었고, 새벽마다 우연히 시간이 겹쳐 운동 파트너가 된 보디빌딩 선수도 있었다. 처음 보디 프로필을 찍는 새로운 경험을 할 수 있게 지도해주고, 교통사고로 인한 후유증으로 몸과 마음을 놓아버렸던 시기에 다시금 일으켜 세워준 최고의 파트너 권영호 트레이너 역시 내 보디 멘토이다. 덕분에 내 운동은 지금도 현재진행형이다.

그는 여전히 겸손한 자세로 부족한 부분은 늘 채워야 한다고 말하며, 실제로 많은 노력을 한다. 주말이면 다양한 워크숍에 참여하며 회원들에게 늘 새로운 것들, 그리고 증상에 따른 적합한 방법을 연구한다. 좋은 보디 멘토란 지식이 많거나 자격증으로 결정되는 것이 아니라 얼마나 한 사람의 삶에 변화를 일으키는지, 어떻게 상대방의 나약한 의지를 바로 세워 운동에 대한 흥미와 재미를 갖게 해주는지에 달려 있다고 생각한다. 멘토는 삶의 정답을 가르쳐주는 사람이 아니다. 단지 나아가야 할 삶의 방향

을 제시해주며, 옆에서 도와주는 사람이다. 자신의 주장을 제창하는 리더leader이기보다 멘티가 스스로 자신의 가치를 발견할 수 있도록 애쓰는 헬퍼helper로서 함께하는 존재다.

이동섭 작가의 『반 고흐 인생수업』이라는 책에서 "삶에 긍정적인 영향을 끼치는 좋은 선생이 멘토라면, 그는 물처럼 스며들었다가 빛에 증발해야 한다. 스며들기만 하고 햇볕을 쬐지 않는다면 곰팡이가 슬 수밖에 없다. 철학자 질 들뢰즈의 말처럼 '나처럼 해봐'라고 말하는 사람에게서는 아무것도 배울 수 없다. '나와 함께 해보자'라는 사람만이 참된 스승이 될 수 있다"라는 긴 문장을 밑줄 치고 또 치며 깊이 공감하는 이유다.

몸에 대한 글을 쓴다고 했을 때, 실제 운동 방법이나 식단표 같은 것들도 나오는지 묻는 분들이 많았다. 그러나 이 책에는 그런 내용이 담겨 있지 않다. 내가 해온 방식을 그대로 나열하며 '나처럼 해봐'를 원해서 쓴 글이 아니기 때문이다. 내 방식이 모든 사람에게 정답이 될 수도 없다. 다른 생각과 다양한 환경에 놓여 있는 사람들에게 동일한 것을 해결책으로 제시하는 일은 위험하다고 생각한다. 문제를 해결하고 신체를 변화시키는 것은 결국 자신의 노력에 달렸다. 멘토는 동반자이자 조언자이며, 스승임과 동시에 친구가 되어야 한다. 건강 멘토는 함께하며 장·단기 목표를 설정하도록 돕고 구체적인 행동을 통해 실현할 수 있도록 방향을 잡아준다. 다만 그들은 상대방의 처지를 체험하려는 노력을 게을리해서는 안 된다. 상대의 입장에서 감지感知한다는 의미다.

멘토라고 해서 자신보다 연장자일 필요는 없다. 친구일 수도, 후배일 수도 있다. 이렇게 직접적인 도움을 주는 사람이 아닌 독서를 통해 운동하는 행동을 강화시켜준 건강 관련 서적들도 나에게는 보디 멘토다. 아픈 몸으로 살아가는 사람들의 이야기, 그 과정을 극복하면서 깨달았던 절절한 이야기 속의 인물들, 먼저 내딛고 그 길을 우직하게 걸어가고 있는 사람의 모든 경험이 나에게 피가 되고 살이 된다.

그중 내게 가장 큰 영향을 준 두 권의 책을 소개하고 싶다. 바로『몸이 먼저다』와『몸이 전부다』이다. 이 글을 쓰는 내내 들여다보고 읽고 또 읽으며 몸과 마음을 다잡았던 책들이다.

"운동은 구원이고 최고의 보약이며 힘든 영혼에게 주는 비타민"이고, 몸이 달라지면 정신도 달라진다는 저자의 말이 가슴에 확 박혔다. 정작 나를 위한 몸이 아닌 남 보기에 좋은 몸을 위해 허비했던 지난날에 대한 반성과 더불어 몸에 대해 다른 관점을 가지게 해준 첫 번째 책이 바로『몸이 먼저다』이다. 건강한 라이프 스타일에 대한 고민과 함께 건강한 삶, 행복한 삶에 대한 글을 찾아 읽도록 물꼬를 터준 책이다. 삶의 변화를 마련해준 책이기에 지금도 여전히 가장 가까운 곳에 두고 있다.

『몸이 전부다』는 몸을 변화시킴으로써 삶이 변한 스토리를 일필휘지로 써내려간 밤비노컴퍼니 이상원 대표의 책이다. 생각을 행동으로 옮기며 경험한 변화를 군더더기 없이 담은 책으로, 다짐만 하는 이들에게 동기부여가 되며 변화를 시작할 수 있도록 이끄는 멘토의 역할을 해준다. 특히 마지막 장에서 세상에 "몸이 먼저다!"를 외치는 사람들이 많아질수록 이 세상은 가벼워지고 조금 더 건강한 세상이 될 것이라 확신하기에 제3, 제4의 후속 작품을 기다린다는 저자의 말이 꼭 내게 용기내서 시도해보라는 응원으로 다가왔다.

'박노해의 걷는 독서' 페이지를 보면, "내 두 발이 걸어온 만큼이 내 세계다"라는 말이 있다. 같은 맥락으로 "내 삶이라는 단 한 권의 책을 써나가기 위해 두 발로 대지에 입 맞추며 걷는 독서"라는 글이 있다. 즉 내가 경험하고 느낀 것은 내 세계이지만 모든 것을 직접적으로 체험하는 것에는 한계가 있기에 독서를 통해 간접적으로 체험하는 것의 의미를 나타내는 글이다. 좋은 습관을 가지고 건강한 삶을 이어가는 사람들과의 만남과 그들의 글은 함께하는 것만으로도 긍정적인 영향을 받게 된다.

운동에 관한 한, 혹은 우리 삶에 관한 한 우리 역시 세계를 확장하기 위한 두 가지 방법이 있다. 다양한 체험을 더 많이 하며 걷는 것과, 나와 다른 길을 걷거나 조금 더 먼저 걷고 있는 사람의 이야기를 통해 세계를 확장시키는 것이다. 나는 그 역할을 멘토가 해줄 수 있다고 생각한다.

나를 닮고 싶은 누군가가 있다는 것은 행복하면서도 책임이 따르는 일이다. 성실한 자세로 적극적인 역할 모델이 되어주어야 한다. 또한 아무리 힘들고 지치더라도 희망이 있고 변할 수 있다는 믿음을 직접 경험할 수 있도록 노력해야 한다. 현명하고 신뢰할 수 있는 상대가 있다면, 그것만으로도 행복한 사람이다. 그래서 나는 삶의 여러 분야에서 멘토를 만나기 위해 노력한다. 사람인지라 모든 것에 능통할 수는 없다. 하지만 모두와 소통할 수는 있다. 그렇기에 바라고 이루고 싶은 마음의 간절함을 상대에게 전할 수 있다. 간절함은 통하게 되어 있다. 가고자 한다면 두드려야 한다.

한 분야에서 경지에 오른 사람들은 자신의 경험을 나누는 데 주저함이 없다. 자신의 삶이 변화된 것처럼 누군가에게 선한 영향력을 미치는 데 주저함이 없는 사람들이 주변에 적지 않다. 마르틴 부버Martin Buber는 "악惡은 방향의 결여이며, 선善은 방향이다"라고 규정한 바 있다. 방향을 잃고 헤매고 있거나 갈피를 못 잡고 있다면, 멘토를 찾아서 먼저 다가가 진솔하게 이야기하고 노력하면 된다. 그러면 여러분의 멘토는 운동뿐 아니라 여러 분야에서 아낌없는 조언을 하며 삶의 긍정적인 방향 전환에 대해 함께 고민해줄 것이다.

험한 언덕을 오르려면
처음에는 천천히 걸어야 한다.

셰익스피어

목표가 아닌
과정에 집중하라

〈걸어서 세계 속으로〉라는 여행 관련 방송에서 만년설이 쌓여 있는 아프리카의 지붕인 킬리만자로에 등반하는 장면이 나왔다. 킬리만자로에 대한 영상을 보는 것만으로도 만감이 교차했다. 2015년 7월 일행과 함께 킬리만자로 정상 등반을 꿈꾸며 출발할 예정이었는데, 출국 3일 전에 경부고속도로에서 후방 추돌 사고를 당해 함께하지 못했다. 그 기간 내내 병원에 입원해 있으면서 아쉬운 마음을 달래느라 힘들었던 기억이 있다. 이야기를 하고 보니 내 삶은 교통사고 전과 후로 극명하게 나뉘는 느낌이다. 계속해서 교통사고 이야기가 등장하니 죄송한 마음도 든다.

함께하기로 했던 일행은 킬리만자로에서 많은 추억과 경험을 쌓고 돌아왔다. 그중 아끼는 동생은 아프리카에 다녀온 후 한동안 '뽈레뽈레'거렸다. "그게 뭐야?"라고 물었더니, 그곳에서 귀에 딱지가 앉을 정도로 많이 들었던 말로 '천천히'라는 뜻이란다. 산소가 희박한 곳이라 고산 증세가 올 위험도 있고, 최대한 신체에 무리가 되지 않는 선에서 등반을 해야 하기에 셰르파들은 계속해서 '뽈레뽈레'를 외쳤다고 했다. 졸음과 싸우고, 추위를 견디며, 머리가 깨질 듯 아파오는 고산 증세를 이겨내고, 마치 고무를 씹는 것 같은 말라비틀어진 음식을 먹으면서 고생을 많이 했다고 한다. 정상을 밟았지만 유체이탈을 한 듯 비몽사몽의 느낌에 대한 이야기도 들었다.

　이 세상에서 가장 마음대로 움직일 수 있던 자신의 몸을 제대로 통제할 수 없을 정도로 힘든 상황의 연속이었다고 했다. 등반을 다녀온 일행들이 전했던 그때의 상황과 모습들이 영상을 통해 그려지는 것만으로도 마치 내가 그곳에 함께 있는 듯 느껴졌다. 오늘 본 방송에서도 현지인 가이드는 서툴지만 "천천히, 천천히"라고 한국어로 말하면서 일행들을 이끌고 슬로모션이라도 걸린 듯 정말로 한 걸음 한 걸음 천천히 옮기고 있었다. 그렇게 느리지만 꾸준히 산행을 한 결과, 방송 속 등반객들은 어느새 아득한 정상에 올랐다. 발걸음을 멈추지 않는 한 계속 걷다보면 언젠가는 목적지에 다다르게 되는 것이다.

우리는 너무 성급하게 가려다가 일을 그르치거나 몸을 망치는 경우가 허다하다. 서두르면 도리어 목적지에 도달하지 못하게 된다는 사자성어인 욕속부달慾速不達의 의미를 되새겨볼 필요가 있다. 서두르지 않고 과정에 집중하다보면 목적지에 더 빨리 도착할 수 있다. 히말라야 등반이라는 원대한 꿈을 가지고 떠난 네팔에서도 목표가 아닌 과정에 집중하는 것의 지혜를 배웠다. 히말라야 안나푸르나 베이스캠프는 4,130미터에 위치해 있다. 그 높이를 체감해본 적이 없었기에 앞으로 어떤 여정이 펼쳐질지 도무지 감이 오지 않았다. 안나푸르나 고지에 가기 위한 첫걸음을 내딛은 날, 고도가 낮은 곳을 지날 때 갑작스레 비가 내렸다. 2월 초의 날씨라 우비를 입어도 스미는 빗물에 체온이 떨어졌다. 지루하게 내리던 비는 고도가 높아질수록 눈이 되어 쏟아졌다. 아이젠을 배낭에서 미처 꺼내지 못한 채 미끄러지길 반복하며 사족 보행을 하다시피 산을 올랐다. 다음 날도 그다음 날도 체력이 회복되기 전에 새벽밥을 먹고 계속 걸었다. 가도가도 끝이 없었다.

길을 안내하는 셰르파에게 얼마나 더 가야 하는지 물었다. 그는 웃으면서 거의 다 왔다며 힘을 내라고 격려했다. 하지만 조금만 더 가면 보인다던 중간 지점은 나오지 않았다. 다시 물어봐도 계속 거의 다 왔다고만 대답했다. 하긴 이미 세 시간을 걸어왔는데, 그만큼 더 걸어야 한다는 걸 안다면 얼마나 기운이 빠지겠는가? 차라리 목적지가 있는 끝을 보기보다 과정에 집중하며 매 걸음 집중하는 것이 마음이 편함을 깨우쳤다. 그러고 나니 히말라야의 아름다운 풍경이 보였고, 그곳에 사는 사람들의 때 묻지 않은 영혼이 드러나는 눈동자들을 마주할 수 있었다. 그제야 멀리 있는 목표만을 향해 가다가 눈에 담지 못하고 스쳐 지나온 것들에 대한 아쉬움이 휘몰려왔다.

운동도 마찬가지다. 처음부터 10킬로그램의 체중 감량을 목표로 세우고 초반에 의욕이 넘치는 상태로 운동을 시작한다. 그러나 다음 날부터 근육통에 시달리며 아파서 못 할 것 같다는 합리화에 들어간다. 며칠 쉬다보면 또 아플까봐 두렵고, 이내 운동에 대한 흥미를 잃어버린다. 특히 운동을 처음 시작하는 여성들은 몸의 건강보다는 체중 감량과 일명 '보디핏'이라고 하는 체형의 변화에 더 관심이 있다. 전화 상담의 경우 "운동을 통해 얼마만에 몇 킬로를 감량할 수 있나요?"라는 질문을 가장 많이 받았다고 운동을 지도하는 선생님이 말한 적이 있다. 여성의 몸을 상업화해서 자기 잇속을 챙기는 잘못된 광고의 영향이며, 2주에 10킬로그램 감량이라는 말로 현혹시키는 광고들에 노출된 부작용이다. 최대한 빠르고 쉽게 살을 빼는 목표보다는 몸이 얼마나 올바르게 기능하며 편안해질 수 있는지에 초점을 맞춰서 시작해보자. 체력 증진과 더불어 아름답고 건강하게 조각되는 몸을 발견할 수 있게 된다.

모든 것은 '엉망인 상태'에서 '엉망이지 않은 상태'[19]로 가는 과정에 불과하다고 했다. 처음의 과정이 엉망이고 작은 한 걸음일지라도 지속적인 실천을 통해 귀한 발자취를 남길 수 있다. 내 경우에는 어제보다 한 번 더 들고, 어제보다 하나 더 하는 것을 목표로 조금씩 늘려가는 방식으로 부위별 운동이 아닌 무너진 코어를 잡아주는 기능성 운동에 집중하며, 몸의 협응력을 키우는 것에 더 많은 비중을 두고 있다. 그런데 보여주기 위해 운동을 했던 예전보다 몸이 더 건강하고 예쁘게 변한 것을 느낀다. 올바르게 기능하고, 편안하게 호흡하며, 균형을 이룬 몸이야말로 가장 아름다운 몸임을 또다시 배운다. 이렇게 매 순간 배우고 느끼고 깨우치는 과정에 놓여 있다. 나는 여전히 완성된 존재이기보다 늘 생성되는 존재이고 싶다.

알지만 망각하게 되는 경우도 있다. 그럴 때는 바로잡으면 그

뿐이다. 첫 마라톤 경기 후 '단 1분이라도 기록을 단축해볼까?'라는 마음으로 꾸준히 유산소운동을 병행했다. 집 근처 공원을 뛰어다니며 달리기에 몸을 적응시켜나갔다. 즐기려는 마음에서 시작했지만, 이왕이면 예전보다 조금이라도 더 잘하고 싶은 욕심이 스멀스멀 자리 잡았다. 두 번째 마라톤 경기에서, 이번에는 지난번보다 속도를 좀 더 올려 달릴 수 있을 것 같다며 동반주로 함께해주신 강경태 소장님께 호기롭게 말씀드렸다. 컨디션도 나쁘지 않았고, 준비운동도 충분히 했다. 은근히 기록 단축이 기대되었다.

출발선에 서니 가슴이 두근거렸고, 신호와 함께 선수들이 일제히 달려나갈 때는 가슴이 터지는 듯했다. 첫 번째 경기에 비해 빠른 속도로 앞으로 치고 나갔다. 지난번에는 7킬로미터 지점을 통과할 때까지 일정한 호흡을 유지하며 힘들지 않게 달렸는데, 이번에는 금세 숨이 차올랐다. 호흡이 깊이 들어가지 않고 가슴팍에서 할딱거렸다. 숨 쉬는 것이 점점 힘들어지더니 오른쪽 배에 쥐어짜는 듯한 통증이 밀려왔다. 결국 소장님과의 거리가 벌어졌고, 달리는 선수들의 틈에서 겨우겨우 걷다시피해서 첫 번째 식수대 앞에 도착했다. 그땐 이미 복부 통증으로 허리를 펼 수조차 없었다.

그곳에서 기다리던 소장님은 호흡이 편해질 때까지 빠른 걸음으로 걸어보라고 다독여주었다. 초반에 조금 무리하게 속도를 낸 것이 원인이라면서, 장거리달리기 시에는 등속으로 달리다가 서서히 속도를 올리는 방식으로 뛰어야 몸에 무리가 덜 가는 법이라며, 이번 일을 반면교사로 삼으라고 하셨다. 체력만 믿고 과하게 욕심을 부린 탓이었다. 마라톤은 단거리와는 다른데 성급하게 덤볐기 때문이다.

멀리 가려면 욕심을 내려놓고 순간순간에 집중해야 한다. 지금은 일주일에 서너 번 정도를 꾸준히 달리며 체력을 유지하고, 신체 적응 훈련을 하며 페이스를 조절한다. 또한 UTRK 팀에 운 좋게 합류하면서 박성찬 감독과 이규환 코치에게 체계적인 지도를 받고 있다. 영상 분석을 통해 부족한 부분을 보완해가며 팀원들의 격려와 응원 속에서 내 적정 페이스를 찾고 있다.

운동뿐 아니라 글쓰는 작업을 할 때도 잘게 쪼개어 도전한다. 처음부터 한 권의 책을 쓰겠다고 결심하면 겁부터 난다. 흰 종이가 나를 계속 노려보고, 좋은 글을 써야 한다는 압박감에 손가락에 마비까지 온다. 하지만 그저 하루하루의 경험에 대해 몇 줄씩 정리하다보면 어느새 한 권 분량의 글이 모인다. 글쓰는 습관을 들이는 것이 무엇보다 중요하다. 페이스북에 일주일에 서너 번

글을 올린다. 어느 순간부터 방문해주는 분들의 글을 통해 많은 생각을 하게 되었다. 그들은 좋은 글에 공감한다며 마음을 표현해준다. 내 생각에 힘을 실어주고, 내 글을 읽어주는 분들이 있다는 게 큰 힘이 된다. 그러던 중 '페이스북에 올리는 글을 따로 정리하면 한 권의 책이 나오겠네요'라는 SNS 팔로워의 말에 당장 글을 모으기 시작했다. 날것의 글을 그대로 옮기고 있기에 여러 번의 수정 과정을 거쳐야겠지만, 지금 이 순간도 나는 글과 말을 모으고 있다. 유시민 작가가 〈알쓸신잡〉이라는 프로그램에서 "작가는 글을 모으는 사람"이라는 말을 했듯 말이다.

처음부터 모든 것에서 뛰어난 성취를 이룰 수는 없지만, 조금씩 쌓고 모으다보면 언젠가는 당신을 차별화시킬 것이다. 인생은 마라톤이다. 초반에 스퍼트를 내다가는 페이스 조절에 실패해 나머지 길을 제대로 걸을 수 없게 된다. 마라톤에서 가장 중요한 것은 등속을 유지하며 달리는 것이라는 말처럼 꾸준함을 이기는 것은 없다. 삶의 목표나 문제를 위해서도 얼마나 빨리 도달할지보다 얼마나 장기적으로 지속할 수 있는가를 고민하라. 다이어트? 쉽게 뺀 살은 쉽게 다시 돌아온다. 건강을 위해 갑작스레 고강도의 운동을 하면 오히려 몸이 상할 수도 있다. 운동 전문가들이 입을 모아 하는 말처럼 천천히 몸의 패턴을 바꿔주는 것이 최고의 방법이다.

　우리의 몸은 한 번에 손쉽게 바뀌지 않는다. 무너진 몸에 바른 체계를 세워주는 것은 단번에 이뤄지는 것이 아니다. 모든 것은 과정이 필요하고, 그 여정 속에서 참된 의미를 발견하는 기쁨을 놓치지 말아야 한다. 마르셀 프루스트Marcel Proust의 "진정한 여행이란 새로운 풍경을 보는 것이 아니라 새로운 눈을 가지는 것이다"라는 말처럼 지금의 내 몸을 비하하고 변형의 대상으로 바라보며 미워할 것이 아니라, 내가 새로운 눈을 가지고 지속적으로 내 몸을 긍정적으로 바라보는 것이 진정한 건강을 위한 첫걸음이다.

지식의 유일한 출처는 경험이다.

알버트 아인슈타인

물건을 사기보다
경험을 사라

알람 소리에 지친 몸을 일으키고 부랴부랴 어디론가 향할 준비를 한다. 지옥철에 몸을 싣고 목적지에 도달하면 여느 때와 다름없는 하루가 시작된다. 틀에 박힌 공간에서 손에 익은 업무를 익숙하게 처리한다. 늘 만나는 사람들 속에서 그리 새로울 것 없는 이야기가 반복되고 있는 삶, 재방송이 되풀이되는 듯한 인생이다. 하루가 까이고 차이고 비틀대며 지나간다. 한결같은 매일을 보내는 동안 참 살맛나지 않는다. 많은 사람이 촘촘한 일상 속에서 자신의 미래를 위한 투자는 헛된 망상이라고 여기며, 새로운 것을 경험하기 위해 시간을 내는 것은 불가능하다고 생각한다. 그러고는 현실에 얽매여 그저 그런 하루하루를 살아간다.

일상의 지루한 반복 속에 과연 내일의 행복이 보장되는지는 알 수 없다.

"마흔 이전에는 돈을 모으지 않았어. 대신 더 많은 것을 보고 경험하려고 했지. 세계 여행을 다녀와서 정말 통장 잔고가 바닥이 났지만 전혀 두렵거나 겁나지 않았어." 베스트셀러 『살아남은 것들의 비밀』과 『좋아 보이는 것들의 비밀』을 쓴 이랑주 작가를 만났을 때 들었던 말이다. 이 작가는 모든 것을 내려놓고 떠난 여행에서 지금 하고 있는 모든 것을 얻어왔다고 했다. 경제적인 이익을 추구하기보다 새롭고 다양한 경험을 하길 원했고, 그 과정을 통해 얻은 지혜로 사업의 기반을 다진 경험의 소중함에 대한 말씀을 들을 수 있었다.

깊이 공감되는 이야기에 시간 가는 줄 몰랐다. 나 역시 수입의 대부분을 무언가를 배우고 여행하고 책을 사는 데 쓰고 있다. 최소한만 미래에 대한 대비를 위해 적금을 들거나 일정 부분 보험에 넣는다. 형편이 넉넉해서라기보다는 지금까지의 경험이 나를 지탱해주었듯이 앞으로의 날들도 지금 하고 있는 경험을 통해서 풍성해질 것이라고 확신하기 때문이다. 각각의 경험들이 연결되고 조화를 이루며 확장되어간다. 그러면서 내가 가진 세계도 점점 넓어진다. 그만큼 성장한다.

몸이 답이다

인생은 글쓰기다. 경험한 것이 많아야 많은 것을 담을 수 있고, 쓸 수 있다. 자신의 인생에 대해서만큼은 가장 잘 알고 있기에 가장 잘 쓸 수 있다. 당신은 지금 자신의 인생이 담긴 책에 하루하루 어떤 이야기를 채워가고 있는가? 어쩌면 새로울 것 없는 보통의 하루를 보내고 있지는 않은가? 언젠가 이동 중에 라디오를 들었다. DJ가 작사가 심현보 씨에게 최근 작업했던 곡들 중 기억에 남는 가사가 있는지 물었다. 심 작가는 'Life is Polaroid'라는 가사가 기억에 남는다고 대답했다. 하루 종일 'Life is Polaroid'가 내 머릿속에 맴돌았다. 〈폴라로이드〉라는 가수 신승훈 씨의 노래를 찾아 가사에 가만히 집중한다.

모든 순간의 기억은 오직 단 한 장만 찍어내는 폴라로이드 사진 같다. 즉석 사진에 담긴 매일의 삶이 계속해서 같은 장면이라면 너무 끔찍하고 슬플 것 같다. 매일의 삶, 단 한 번뿐이기에 더 절실히 소중히 감사하며 살아야겠다는 다짐을 했다. 'Life is Polaroid'니까.

류시화 시인은 마샤 메데이로스Martha Medeiros의 시 「서서히 죽어가는 사람」의 "우리, 서서히 죽는 죽음을 경계하자. 살아 있다는 것은 단지 숨을 쉬는 행위보다 훨씬 더 큰 노력을 필요로 함을 기억하면서"[20] 부분을 통해 삶의 진정한 가치에 대해 이야기한다. 다양한 사람을 만나고 여러 풍경을 바라보고 다양한 경험을 하는 것, 단지 숨을 쉬고 먹고 자는 행위만을 위한 삶이 아닌 매사에 감탄하고 모든 것에 노력을 기울이며, 가끔은 의도한 빈곤을 즐길 수 있는 현재를 살고 있는지 다시 한번 생각해본다.

나는 두 번째 책인 『호모코어밸리우스』에서도 경험의 폭이 행복의 깊이를 결정하는 것에 대해 이야기했었다. 정말 가지고 싶던 물건을 사도 그 기쁨은 오래가지 않는다. 애지중지 흠이라도 생길까 조심히 들던 가방도 어느 순간 비 오는 날이면 비를 막아줄 도구로 전락하게 된다. 돈을 모아서 처음 내 명의의 차를 구입했을 때도 흙먼지가 묻을세라 쓸고 닦고 했지만, 지금은 내 차를 가끔 타는 지인들에게 "집 나왔냐?"라는 핀잔을 들을 정도로 짐으로 가득 차 있다. 이렇게 무언가를 산 기쁨의 유효기간은 짧다. 그래서인지 몇 년 전부터는 물건을 사는 데 큰 의미를 두지 않는다. 사고 싶은 것보다 경험하고 싶은 것이 많아졌다.

경험을 통한 기억은 시간이 갈수록 행복을 선사한다. 도전했던 경험, 타인을 도왔던 경험, 여행을 했던 경험 등 몸에 각인된 경험이 많을수록 행복은 풍성해진다. 지금까지의 다양한 경험은 돈으로 환산할 수 없을 만큼의 기쁨을 준다. 그뿐만 아니라 경험은 제 스스로 흘러넘쳐 기존의 틀 속에서 볼 수 없었던 '너머'의 것에 접속하게 만든다.[21] '핵심 가치'를 삶의 중심에 놓고 나답게 행복하게 살아가는 사람을 의미하는 호모코어밸리우스에서도 핵심 가치가 필요한 이유에 대해 최종적으로는 '행복'으로 귀결한다.

이미 닦여 있는 길을 이유도 모르고 '남들처럼' 살기에 급급해하며 따라가지 말자. 다양한 길을 나만의 족적으로 '나답게' 걸어가며, 새롭고 다양한 경험을 통해 직접 자신의 인생에 대한 한 권의 책을 만들어가는 즐거움을 맛보는 것이 행복이다. 시간이 지날수록, 더욱 빛을 발하는 경험을 산 기억이 많을수록 행복하고, 나만의 스토리는 풍성해진다. '스토리'는 '스스로 토해내는 리얼한 이야기'라고 자주 말하는데, 자신만의 스토리가 없는 사람은 늘 타인의 이야기 속에서 살게 된다.

그렇다면 다시 돌아와 경험을 쌓는 일에서 "운동을 왜 하는 거지? 아니 왜 해야만 하는 거지?"라고 묻는다면, 로버트 루이스 스티븐슨Robert Louis Stevenson의 말을 상기해보자. 그는 "자유롭게 방랑하고, 희망하고, 사랑할 수 있기에 신께 감사했다"고 했다. 자유롭게 방랑하고 무언가를 희망하며 타인에게 사랑을 베풀 수 있음은 곧 살아 있음을 확인하는 일이다. 이 모든 경험을 위한 필요조건이 바로 건강이다. 다양한 경험을 통해 자신만의 영역을 키워가기 위해서 가장 중요한 것은 몸과 마음의 균형이다. 운동의 중요성과 필요성에 대해 모르는 사람은 없다. 알지만 몇 년째 마음만 먹고 실천하지 않는 것이 문제다.

운동의 필요성은 인지하나 행동은 하지 않으면서 운동이 부족하다고 생각하는 것만으로도 사망률이 높아질 수 있다는 위험성에 대한 흥미로운 연구 보고가 있다. 즉 신체 활동량이 비슷한 상황임에도 스스로의 활동량이 부족하다고 느끼는 사람들이 그렇지 않은 사람들보다 연구 기간 내 사망률이 71퍼센트 높다는, 신체 활동과 사망률의 상관성에 관한 내용이었다.

운동량이 부족하다는 생각만으로도 잠재적 사망 위험이 높아지는 이유가 궁금했다. 연구 보고에는 자신의 신체 활동량이 많다고 느끼는 사람은 자신감이 붙어 보다 건강한 생활 패턴을 유지하는 반면, 운동량이 부족하다고 느끼는 사람은 스트레스가 커지고 두려움 등의 감정이 촉발되어 건강에 해로운 영향을 받게 되는 것에 주목했다. 건강한 생활을 하고 있다는 만족감이 실제로 생리학적인 측면에서 긍정적인 효과를 불러일으킬 수 있다는 것이다.

성공한 대부분의 사람은 계획을 짜는 데 시간을 허비하기보다는 행동하는 데 주력했다. 건강을 당연한 권리라고 착각하지

말자. 삶을 변화시키고 싶다면, 행복해지고 싶다면 우선 건강해
지기 위해 노력하자. 그리고 탄탄한 체력을 바탕으로, 건강한 몸
과 마음을 기반으로 다양한 경험을 사자. 삶을 바로 세우고 자신
의 매 순간이 행복하게 기록될 수 있도록 말이다.

하루 한 시간의 화장은 하루를 아름답게 만들고,
하루 한 시간의 운동은 평생을 아름답게 만든다.

오세진

바로
시작하기

  여성이라면 누구나 젊음과 건강을 오래 유지하고 싶은 욕망이 있고, 나이듦에 대한 두려움이 있다. 매일 아침 거울을 들여다보며 조금 더 나은 자신을 위해 화장을 한다. 잡티를 가리기 위해 파운데이션을 덧칠하고, 주름을 메우기 위해 좋다는 크림을 처덕처덕 바른다. 그렇게 화장은 세월의 흐름만큼 점점 두꺼워진다. 요즘은 조금 더 젊음을 유지하고 노화를 늦추기 위해 각종 시술을 받고, 심지어 수술대에 오르는 사람도 적지 않다. 하지만 몸과 마음은 뒤로한 채 외적인 부분에만 집착하는 것은 밑빠진 독에 물을 붓는 것과 같다.

  "하루 한 시간의 화장은 하루를 아름답게 만들고, 하루 한 시간의 운동은 평생을 아름답게 만든다"는 말처럼 이 책과 함께한 여정이 끝난 후에는 화장으로 변장하기보다 운동을 통해 평생의 건강을 보장받는 현명한 여성이 되기를 바란다.

몸이 깨어나면 마음도 깨어나고 삶에도 변화가 일어난다. 아직 경험하지 않아서 잘 모른다면, 어쩌면 잘못된 방법으로 몸을 더욱 옥죄는 사람이 있다면 바로 알고 바로잡고 바로 살기를 바라는 마음으로 이 글을 썼다.

책을 작업하는 과정을 통해 더욱 예민하게 내 몸의 소리에 귀를 기울였고, 글과 일치되는 삶을 살고자 더 치열하게 몸을 생각하고 관리했다. 쓰고 정리하고 되새기다보니 운동의 참가치를 다시금 발견할 수 있었고, 행동을 강화하는 선순환이 일어났다. 그 결과 책 작업을 시작하기 전보다 육체적으로나 정신적으로 보다 더 건강해졌다.

운동을 통한 삶의 변화를 경험했기에 운동과 거리를 두던 그때로 돌아가고 싶지 않다. 이 글을 읽는 독자들에게도 내 경험이 스며들어 몸을 깨우는 촉진제가 되길 바란다. 그들의 몸이 깨어나고 영혼이 자유로워진다면, 나에게 그보다 더 보람되고 값진 행복은 없을 것이다. 운동만이 행복한 삶, 아름다운 몸, 건강하고 존중받는 자신을 발견하기 위한 절대적 기준이 된다고 볼 수는 없지만, 좋은 것을 함께 나누고 싶은 마음에 경험하고 느낀 바를 바탕으로 진심을 담아 갈무리했다.

여성들이여, 봄이 다가오고 있다. 봄은 꽃으로 깨어나고, 꽃으로 물드는 계절이다. 만물이 소생하는, 바야흐로 꽃피는 봄과 같이 우리의 몸은 운동으로 깨어나고 건강으로 물들어야 한다. 바로 지금이다. 미래에 대한 계획을 세우고 알 수 없는 내일에 대해 걱정하며 앞날을 준비하는 것도 중요하지만 마음먹은 바를 실행하려면, 원하는 삶을 살아가려면 지금 당장 허약하고 나약한 몸을 위해 어떤 조치를 취하는 것이 더 중요하다. 지금 바로 시작하라. 책장을 덮음과 동시에 건강한 몸을 계획하고 실행하라.

아름다워지고 싶은가? 건강해지고 싶은가? 삶을 더 행복하게 살기를 원하는가? 그렇다면 내가 해줄 수 있는 말은 당장 책을 덮고 나가서 걷고, 뛰고, 운동하라는 것뿐이다. 지금 바로 시작하라. 그리고 당신의 찬란한 봄을 맞이하라.

그 시작을 『몸이 답이다』로 함께해준 여러분께 진심으로 감사를 전하고 싶다. 글을 쓰는 과정에서 온전한 나를 만날 수 있었기에 내내 행복했다. 몸이 바뀌고 삶이 바뀐 경이로운 경험을 할 수 있게 해준 『몸이 먼저다』의 저자 한스컨설팅 한근태 소장님과 『몸이 전부다』의 저자 이상원 대표님, 『몸이 답이다』가 나오기까지 함께 고민하고 방향을 잡으며 행복한 작업을 이어갈 수 있도록 이끌어준 새라의숲 조전회 대표에게 감사의 마음을 전한다.

모두의 봄날을 축복하며
오세진

주

1 박총, 『읽기의 말들』, 2017, 유유.

2 이성복, 『무한화서』, 2015, 문학과지성사.

3 2018년 이루고 싶은 새해 계획에 대해 응답자들 중 60.5퍼센트가 다이어트 및 건강관리를 꼽았다.

4 류시화, 『시로 납치하다』, 2018, 더숲.

5 국립국어원 표준국어대사전

6 계간 『문학선』 2017년 봄호 발표.

7 몸속에 있는 지방의 양을 체지방이라고 하는데, 섭취한 영양분 중 쓰고 남은 잉여 영양분을 몸 안에 축적해놓은 에너지 저장고로서, 필요 시 분해되어 에너지를 만드는 데 사용된다.

8 카잔차키스, 이윤기 옮김, 『그리스인 조르바』, 52쪽, 2009, 열린책들.

9 문영진, 『평상시』 중 일부 발췌.

10 강선보, 『만남의 교육철학』, 2003, 원미사.

11 김연수, 『우리가 보낸 순간: 날마다 읽고 쓴다는 것』, 2010, 마음산책.

12 이성복,『무한화서』, 2015, 문학과지성사.

13 한근태,『몸이 먼저다』, 2014, 미래의창.

14 우치다 타츠루, 박동섭 옮김,『좋은 선생도 없고 선생 운도 없는 당신에게 스승은 있다』, 2012, 민들레.

15 레프 톨스토이, 이상원 옮김,『살아갈 날들을 위한 공부』, 2007, 위즈덤하우스.

16 시발 비용은 비속어인 '시발'과 '비용'을 합친 단어로 '스트레스를 받지 않았으면 발생하지 않았을 비용'을 뜻하는 신조어이다. 이를테면 스트레스를 받아 홧김에 고급 미용실에서 파마를 하거나, 평소 버스나 지하철을 이용하던 길을 택시를 타고 이동하여 지출하게 된 비용이 해당된다.

17 『건강심리학 *Health Psychology*』저널 11월호(Vol.36).

18 유영만,『나무는 나무라지 않는다』, 2017, 나무생각.

19 픽사 공동 창립자 에드윈 캣멀.

20 류시화,『시로 납치하다』, 54쪽, 2018, 더숲.

21 이동섭,『반 고흐 인생수업』, 2014, 아트북스.

참고문헌

- 김승섭(2017),『아픔이 길이 되려면』, 동아시아.
- 남세희(2013),『다이어트 진화론』, 민음인.
- 남세희 · 최영민(2014),『강한 것이 아름답다』, 중앙북스.
- 레프 톨스토이, 이상원 옮김(2007),『살아갈 날들을 위한 공부』, 위즈덤하우스.
- 류시화(2018),『시로 납치하다』, 더숲.
- 류은숙(2017),『아무튼, 피트니스』, 코난북스.
- 마이크 포셀, 심리나 옮김(2013),『텔로미어』, 쌤앤파커스.
- 마크 E. 윌리엄스, 김성훈 옮김(2018),『늙어감의 기술』, 현암사.
- 박총(2017),『읽기의 말들』, 유유.
- 베르너 바르텐스, 유영미 옮김(2017),『심플한 건강법333』, 로고폴리스.
- 수지 오바크, 김명남 옮김(2011),『몸에 갇힌 사람들』, 창비.
- 아서 프랭크, 메이 옮김(2017),『아픈 몸을 살다』, 봄날의책.
- 유영만(2017),『나무는 나무라지 않는다』, 나무생각.

- 이동섭(2014), 『반 고흐 인생수업』, 아트북스.
- 이상원(2017), 『몸이 전부다』, 올림.
- 이성복(2015), 『무한화서』, 문학과지성사.
- 장-뤽 낭시, 김예령 옮김(2012), 『코르푸스 몸, 가장 멀리서 오는 지금 여기』, 문학과지성사.
- 존 레이티 · 에릭 헤이거먼, 이상헌 옮김(2009), 『운동화 신은 뇌』, 북섬.
- 최중기(2014), 『척추를 바로 잡아야 건강이 보인다1』, 바른몸 만들기.
- 카잔차키스, 이윤기 옮김(2009), 『그리스인 조르바』, 열린책들.
- 토머스 J. 빌로드, 안진환 옮김(2007), 『성공명언1001』, 쌤앤파커스.
- 파벨 차졸린, 황현지 · 최현진 옮김(2016), 『케틀벨 심플 앤 시니스터』, 대성의학사.
- 한근태(2014), 『몸이 먼저다』, 미래의창.